SÓCRATES
pensador e educador
a filosofia do conhece-te a ti mesmo

CB041060

CÓPIA NÃO AUTORIZADA É CRIME

ABDR
ASSOCIAÇÃO BRASILEIRA DE DIREITOS REPROGRÁFICOS

RESPEITE O DIREITO AUTORAL

EDITORA AFILIADA

Dados Internacionais de Catalogação na Publicação (CIP)
(Câmara Brasileira do Livro, SP, Brasil)

Ghiraldelli Junior, Paulo
  Sócrates : pensador e educador : a filosofia do conhece-te a ti mesmo / Paulo Ghiraldelli Jr.. – São Paulo : Cortez, 2015.

  Bibliografia.
  ISBN 978-85-249-2354-8

  1. Educação – Filosofia 2. Filosofia antiga 3. Sócrates I. Título.

15-04036   CDD-370.1

Índices para catálogo sistemático:
  1. Educação : Filosofia   370.1
  2. Filosofia da educação   370.1

Paulo Ghiraldelli Jr.

SÓCRATES
pensador e educador
a filosofia do conhece-te a ti mesmo

1ª edição
1ª reimpressão

CORTEZ EDITORA

SÓCRATES: pensador e educador
Paulo Ghiraldelli Jr.

Capa: de Sign Arte Visual sobre ilustração gentilmente cedida
    por Daniel Killackey – Socrates, óleo sobre tela (2014).
Aberturas de capítulos: ilustração de Nicolas-André Monsiau – Socrates and Alcibiades
    at Aspasia (1801). Pushkin Fine Arts Museum, Moscow.
Preparação de originais: Solange Martins
Revisão: Maria de Lourdes de Almeida
Composição: Linea Editora Ltda.
Coordenação editorial: Danilo A. Q. Morales

Nenhuma parte desta obra pode ser reproduzida ou duplicada sem autorização expressa
do autor e do editor.

© 2015 by Autor

Direitos para esta edição
CORTEZ EDITORA
Rua Monte Alegre, 1074 – Perdizes
05014-001 – São Paulo – SP
Fones: (55 11) 3864 0111 / 3611 9616
e-mail: cortez@cortezeditora.com.br
www.cortezeditora.com.br

Impresso no Brasil – março de 2022

Para Fran companheira socrática de sempre
Para o Luís Milanesi, que fomentou o meu socratismo

Aos filósofos que podem se dedicar
ao conhece-te a ti mesmo: Francielle Chies e Paulo Francisco

Sumário

Apresentação

Sócrates teve como pais uma parteira e um escultor. Frequentou a escola pública. Aprendeu a profissão do pai. Serviu nas guerras em que Atenas se envolveu, sobressaindo-se como herói. Viveu de modo simples, com o soldo de soldado veterano. Casou-se com Xantipa e, segundo algumas fontes, também com outra moça — não sabemos se esse casamento foi ou não concomitante ao de Xantipa. Filosofou pelas ruas de Atenas de um modo diferente de outros até então chamados de filósofos. Foi acusado por um grupo de jovens de corromper a juventude, desprezar os deuses da cidade e de introduzir novos deuses. Fez sua defesa perante 500 jurados, mas não alcançou o agrado da maioria e, então, foi condenado à ingestão de chá de cicuta, um veneno poderoso. Ficou preso durante certo tempo e efetivamente cumpriu a pena, morrendo diante de amigos e discípulos na prisão. A cidade democrática matou sua consciência filosófica e imortalizou a figura de Sócrates para todo o sempre. Este livro é a respeito de alguns pontos centrais da filosofia desse homem extraordinário, como filósofo e como educador.

Informações diretas a respeito de Sócrates (469-399 a.C.) nos chegam de três fontes: de Platão (427-347 a.C.), por meio de sua obra, do soldado e discípulo Xenofonte (428-354 a.C.) por meio de quatro de seus livros, *Memoráveis, O econômico, Apologia de Sócrates* e *O banquete*,[1] e pela peça *As nuvens*, de Aristófanes (447-386 a.C.). A figura de Sócrates que construímos neste livro respeita essas fontes e se nutre também de várias informações indiretas. Não poderia deixar de faltar, portanto, a *Vidas de eminentes filósofos*, de Diógenes Laércio (século III), e algumas observações argutas de Aristóteles.

Não há aqui a pretensão do historiador, de expor o "Sócrates histórico". Todavia, busco fazer justiça ao que conheço em história da filosofia e historiografia helenista. Apresento o *meu* Sócrates, que é uma figura construída entre três polos: o Sócrates histórico, as informações e conclusões de *scholars* helenistas e, é claro, a visão de outros filósofos que me são queridos. Na medida do possível, tudo isso aparece referenciado em notas de rodapé, exceto as obras de Platão ou uma ou outra obra clássica, citadas apenas em títulos no corpo do texto, a fim de, propositalmente, deixar o leitor ao sabor da escolha da tradução que preferir e também como uma forma de não tornar este livro excessivamente acadêmico.

Este livro pode ser um livro de estudo, mas, antes de tudo, é um livro de leitura para o deleite também do leigo em filosofia. Quero com este livro ganhar o leitor para o filosofar a partir do filosofar de Sócrates e, ao mesmo tempo, deixar como bibliografia uma visão de Sócrates que, penso eu, ainda falta entre nós brasileiros. Os temas centrais neste meu escrito sobre Sócrates são os seguintes: a filosofia tal qual construída a partir do homoerotismo

---

1. Não confundir com a *Apologia de Sócrates* e *O banquete* de Platão.

da elite ateniense; a relação significativa de Sócrates com as mulheres, mostrando sua própria singularidade; a importância do método socrático denominado pela historiografia de *elenkhós*; a "pegada" de Sócrates no trabalho com a vergonha; e, por fim, a tradição socrática de invocação de figuras como *daimon*. Tudo isso é conversado aqui segundo um eixo próprio do filosofar socrático e que figura no subtítulo do livro, o "conhece-te a ti mesmo".

Deixo anotado aqui, também, algumas observações sobre a obra de Platão. Ela é em geral o eixo do que falamos sobre Sócrates e, de certa maneira, sobre Platão e o platonismo, que é o berço e talvez o eixo de toda a filosofia no Ocidente.

O que em geral nos é apresentado como "Obras completas" de Platão, nas boas traduções, é o chamado "cânone de Trasilo". Este foi um filósofo platonista da cidade grega de Alexandria, no Egito. O modo como organizou a obra incluiu textos "espúrios", que não eram de Platão e que, em alguns casos, reaparecem aqui e acolá, na historiografia da filosofia, no debate sobre a autenticidade. Em vários casos, seu valor não é só o de registro. Podem ter sido confeccionados por Platão ou por um discípulo na Academia. Particularmente, quanto às edições atuais, gosto de duas em inglês: *Plato complete works*, de John Cooper e D. S. Hutchinson, publicado pela Hackett Publishing Company (1ª edição em 1997). Essa edição possui vários tradutores, todos helenistas de renome; e *Plato*, da Loeb Classical Library, traduzido por W. R. M. Lamb e publicado pela Harvard University Press (1ª edição em 1927). Vale a pena o leitor interessado observar a introdução de cada título de *Plato complete works*.

O livro que trago ao público agora é um livro de um filósofo falando de outro filósofo, sem ser um livro "de comentador",

no sentido tradicional, e sem ser um livro de história da filosofia, também no sentido tradicional. É um livro em que filosofo
a partir da filosofia de Sócrates na perseguição da ousadia de
tornar o leitor capaz de dar passos no filosofar. Duvido de que
não goste.

Vila Lageado, São Paulo, 3 de novembro de 2014.

1

A filosofia é inerente à escola

A filosofia nada tem a ver com o chamado "auto-didatismo". Não raro, os leigos em filosofia têm certa dificuldade de compreender essa verdade. Principalmente porque certa tradição de apresentação popular dos filósofos os mostra como figuras solitárias, capazes de tirar tudo da própria cabeça ou então da leitura de livros escritos por outras figuras mais solitárias ainda. Esquece-se de que o homem se tornou homem por conta da vida em bando e que sua cultura durante muitos anos se fez em torno da oralidade. Quando produziu filosofia, não o fez senão em grupo, conversando.

A filosofia é uma prática de filósofos. Não se é filósofo sem formação e treinamento *escolar*. A filosofia não nasceu de um pensador solitário, mas da atividade conjunta de pessoas que formaram suas confrarias em torno de mistérios compartilhados. O grupo dos que se reuniam em torno de Pitágoras talvez tenha sido a primeira escola filosófica. Aliás, foi dali que se começou a usar o termo "filósofo", de *philo* e *sofia*, ou seja, o amigo do saber.

Mas, em que sentido a filosofia é sempre escolar? Em dois sentidos.

Escola vem justamente do grego *skholé*, que tem a ver com o ócio, o lazer e o tempo livre. Por isso mesmo a escola sempre esteve articulada à reunião para o uso do tempo livre. No tempo livre é possível dedicar-se aos amores, e um deles é o amor ao saber. Assim, juntos, pode-se querer saber mais, aprender e, enfim, exercer o amor ao saber. A filosofia é o amor ao saber no sentido da busca do conhecimento. Esse amor ocorre na companhia de outros que, com igual ou semelhante tempo livre, conversam e se decidam à investigação e, portanto, ao conhecimento. A filosofia nasceu de uma atividade de confraria de amigos, um lugar dos eleitos, escolhidos, um campo chamado *skholé* — a escola.

É por isso que escola pode significar uma "casa de ensino", mas também, em um sentido original, uma filiação entre pessoas que fazem investigação conjunta, ainda que, não raro, distantes umas das outras no espaço e no tempo. Nesse sentido fala-se em escolas literárias e, claro, escolas de filosofia.

A Academia de Platão foi uma escola que reuniu os dois sentidos da palavra. Foi uma escola como local de reunião para a investigação conjunta e foi o campo para o nascimento de escolas de filosofia como movimentos de pensamento semelhante. No entanto, nesse segundo sentido, estranhamente não foi a instituição de divulgação do chamado "platonismo". Ao menos não em um primeiro momento. É que Platão nunca fez da Academia um local de doutrinação. Ao contrário! A Academia era efetivamente um lugar diferente. Por isso mesmo é que o filósofo contemporâneo Peter Sloterdijk usou o termo de Michel Foucault — "heterotopia" — para designar a Academia.[2]

---

2. Sloterdijk, P. *The art of Philosophy*. New York: Columbia University Press, 2012, p. 33. A noção de Heterotopia foi elaborada por Foucault em conferência de 1967, e a

"Heterotopia" é um local que, diferentemente da utopia, existe de fato. Trata-se de um espaço de regras e práticas próprias, diferentes das do ambiente maior em que se insere. O que a cerca é o local das regras já postas pelo *ethos*, pelos costumes — ou o meio ambiente "orthotópico". Assim se fez a Academia de Platão. As regras dali não se pareciam em nada com as regras da cidade de Atenas ou de qualquer outro local do ambiente. Eram regras especiais da liberdade de conversação dentro do lema indicativo na porta: "que só entre quem sabe geometria". Antes o saber pelo saber que qualquer conhecimento envolvido com as limitações de campanhas políticas ou febres doutrinárias.

Platão fundou a Academia no ano 387 a.C., em um terreno comprado por ele mesmo. Ali recebeu estudantes de todo o tipo (inclusive mulheres), sem nenhum pagamento (diferentemente do Liceu, de Aristóteles, fundado depois e que teve também vida longa)[3]. Sua inspiração veio de uma viagem que fez ao sul da Itália, em que viu uma comunidade de seguidores de Pitágoras, uma espécie de escola que articulava misticismo, matemática e práticas vegetarianas. Além do bom interesse em geometria, o que se requisitava para a entrada na Academia era, também, outra regra muito estranha à cidade: ter boa vontade para receber instrução dos que estavam ali buscando o desvelamento, os que queriam evitar estar enganados ou se enganando. Todavia, a real regra básica da Academia foi aquela que se fez como

---

autorização de publicação veio somente em 1984. Há uma versão em português na "Biblioteca" do meu *site*: <ghiraldelli.pro.br>, com o título "Heterotopia".

3. Para o estudo das instituições Academia e Liceu, com ampla informação histórica, ver: Dorandi, T. Organization and structure of the philosophical schools. In: Algra, K. e outros. *The Cambridge History of Helenistic Philosophy*. Cambridge: Cambridge University Press, 2005.

ideal de toda a educação superior que se instituiu a partir dela: a busca do conhecimento pelo conhecimento.

Na Academia, quem sabia ensinava e quem não sabia aprendia. E isso sem nenhuma conotação autoritária, o que só seria possível de falar, e com erro, a partir de óculos pedagógicos modernos. A tradição socrática havia deixado claro que o saber "dos muitos", ou seja, o de fazer acontecer as regras da pólis, não era o saber dos estudiosos, os que buscam um conhecimento técnico ou a virtude. A Academia era antes de tudo um lugar de preservação do momento de não engajamento social e político e da não necessária decisão a respeito de investigações em andamento.

Dizendo que a *epoché* de Husserl foi a criação moderna da prática filosófica *par excellence,* Peter Sloterdijk viu na Academia o precursor dessa postura que sempre quis criar um local de cultura, mas distante da prática de outros locais também envolvidos com a cultura mais elaborada e com a discussão sobre saberes, como fóruns, museus, arenas, parlamentos e editorias. *Epoché,* ou o "pegar uma era" ou o "colocar entre parênteses" uma ocorrência, ou "circunscrever um período" de modo a elevá-lo para fora de julgamentos e conclusões; esse foi um modo de fazer teoria pela teoria sem preocupações com conclusões ou finalidades senão o próprio objetivo de se continuar investigando continuamente.[4]

---

4. Richard Rorty toma Husserl como defensor da filosofia como ciência, em oposição à filosofia como "metáfora" e como "política". Nesse sentido, poder-se-ia apontar aí uma oposição entre ele e Peter Sloterdijk. No entanto, essa diferença pode ser amenizada, penso eu, lendo Sloterdijk se referindo à *epoché* husserliana como uma fórmula genérica de buscar a investigação inicialmente descomprometida com resultados

Em um sentido geral, foi assim que Husserl falou de *epoché* e foi dessa maneira que a "paz da academia" se instituiu como a praxe de uma "heterotopia" especial. Platão foi o inventor da filosofia como prática de uma das mais distintas e famosas "heterotopias". Antes dele a filosofia já se fazia em escolas, depois dele foi impossível sequer pensar em uma filosofia de autodidatas.

Platão criou a Academia. E que escola criou seu mestre, Sócrates?

Platão encontrou Sócrates do mesmo modo que vários outros jovens, nas ruas de Atenas. Conta-se que Sócrates costumava dizer que uma noite antes de conhecer Platão, ele havia sonhado com um cisne que pousou em seus joelhos e depois levantou voo. Na Grécia antiga o cisne era tido como um pássaro divino. Platão era de estirpe nobre, da família do grande legislador Solon, um dos célebres Sete Sábios, e que tinha na sua árvore genealógica uma ascendência nos deuses.[5] Sócrates não teria se consagrado sem esse garoto que se tornou, depois, o inventor da filosofia como gênero literário e como um campo próprio de saber. Foram só oito anos de convívio. Oito anos que determinaram em termos culturais todos os outros séculos até nós, hoje, no início do século XXI. Ao nos fazer todos, ocidentais, um pouco devedores

---

imediatos e avaliações apressadas. Estas, as apressadas com imersão prática, seriam desrespeitosas ao santuário da heterotopia necessário à filosofia. Ver: Rorty, R. *Essay on Heidegger and others*. Philosophical papers II. Cambridge: Cambridge University Press, 1999, p. 9-26.

5. Uma das tradições historiográficas e biográficas vindas de Atenas do tempo de Platão sempre o manteve como alguém realmente ligado aos deuses. Por essa via é que se propagou a história de que, quando Platão nasceu, abelhas vieram pousar na sua boca, buscando algo adocicado que poderia ser o néctar dos deuses olímpicos. Sobre tais vias historiográficas, ver: Annas, J. *Platonic ethics, old and new*. Ithaca e Londres: Cornell University Press, 1999.

dos objetivos de Sócrates de nos empurrar goela abaixo o "conhece-te a ti mesmo", Platão nos tornou participantes da escola socrática. Em boa medida, a leitura de sua obra criou a própria noção, para nós, de pertencimento ao Ocidente.

Platão filosofou como nobre que era. De certo modo, refinou o filosofar de Sócrates com uma invenção exclusivamente sua que é o que veio a ser chamado, depois de Aristóteles e por causa dele, de metafísica. Trouxe a filosofia da rua, dos pobres, completamente sem qualquer metafísica, para o campo culto, dos ricos, sempre dispostos a pensar de maneira mais amena, com uma radicalidade suportável, digamos.[6] Criou sua Academia como uma "heterotopia" enquanto um aprendizado amargo advindo do resultado do propósito de Sócrates de não ter nenhuma "heterotopia" senão a própria Atenas. Mas a cidade democrática julgou, condenou e matou Sócrates. Atenas rejeitou ser ela própria uma escola no sentido restrito do termo. Atenas permitiu "heterotopias", mas ela própria queria e precisava ser o invólucro delas. A cidade não podia ser ela mesma uma escola. A prática de Sócrates que, em certo sentido, parecia poder tornar cada cidadão capaz de filosofar era subversiva demais para Atenas, mesmo sendo esta, no tempo do filósofo e por séculos seguintes, o berço da cultura humanística, chegando a ser o polo de atração

---

6. A metafísica é um modo de pensar menos brutal, que ameniza tendências. Entre a tese do movimento contínuo de Heráclito e a tese da impossibilidade do Parmênides, Platão criou a teoria dos dois mundos, mundo intelectual e mundo sensível, capaz de amenizar a radicalidade do pensamento puramente cosmológico dos chamados "pré-socráticos" (aliás, diga-se de passagem, "pré-socráticos" não é um termo cronológico, mas temático, criado por Aristóteles para apontar para pensadores que não necessariamente viveram antes de Sócrates, mas que pensaram segundo cânones cosmológicos, e não segundo o modo de filosofar de Sócrates, que pensava a partir da investigação das coisas humanas).

dos romanos ricos que não queriam a medicina ou a engenharia, áreas próprias de Alexandria.

A tradição socrática da filosofia nas ruas, de manter a escola antes como uma filiação de ideias e comportamentos sem necessariamente ser uma escola com uma geografia própria, continuou por meio de vários outros pensadores. Diógenes de Sinope, que Platão chamou de "Sócrates tornado louco", fez a escola cínica. A escola estoica que dominou boa parte da elite romana também se fez inicialmente assim, pelo aglomerado de grupos em torno das colunas dos templos, a *stoa*. Mas todas as filosofias que mantiveram essa tendência em usar da cidade toda como espaço para sua prática sofreram reveses duríssimos. Daqueles tempos até hoje a cidade nunca quis ser local de pensamento, mas de ação. Nunca uma cidade quis ser uma escola. A cidade sempre viu sua atividade como incompatível com a *epoché*, no sentido de Husserl lido por Sloterdijk.

Sócrates hoje é revivido nas escolas, ou seja, nas universidades. Não podia ser diferente. Todavia, isso não quer dizer que, de vez em quando, ele não possa voltar às ruas.

2

A filosofia e
a banalidade

Conversando com Sócrates nas ruas de Atenas, o pomposo sofista Hípias irritou-se por causa da insistência do filósofo irônico em falar sobre éguas, panelas e coisas do tipo. Não eram coisas "elevadas", dignas de serem tratadas por homens cultos! O que teria tais coisas a ver com o tema da conversa, o belo? Hípias não conseguia perceber que a filosofia de Sócrates tinha por objetivo uma investigação *efetivamente* produtiva, e que isso era feito, se à maneira socrática, a partir de inúmeras coisas simples, as coisas do mundo. Sócrates foi o primeiro filósofo do banal.

Sócrates inaugurou a filosofia como conversa sobre as coisas dos homens na cidade e, por isso mesmo, tinha como ponto de partida nada além do mundo vivido cotidianamente. A filosofia de Sócrates era sobre o banal no sentido de que ele investigava o quanto os cidadãos de Atenas sabiam do que estavam falando quando falavam de si mesmos, do que faziam.

As coisas banais, que podem ser descartadas, eram tudo de que Sócrates precisava para filosofar, uma vez que elas iriam se *desbanalizar* exatamente no momento em que a filosofia as tocasse. Era exatamente isso que muitos não entendiam. Até hoje encontramos pessoas, mesmo entre professores universitários (e de filosofia!), que imaginam que se um filósofo não trata de temas "do espírito", temas "elevados", ele está se desfazendo de sua aura de filósofo. Isso realmente é compreender pouco de filosofia. Talvez isso seja compreender pouco a respeito da nossa própria vida e de como essa vida produziu a filosofia.

A filosofia é nossa amiga exatamente porque ela não é um grito de debandar, mas um clamor para o engajamento. Mas esse engajar-se, para Sócrates, não seria outra coisa senão a investigação filosófica. Essa investigação era sobre os afazeres do homem na cidade. Sócrates insistiu em dizer que ele não filosofava sobre os deuses, sobre "as coisas do céu" ou a respeito das questões da natureza. Sua investigação era sobre si mesmo e sobre seus concidadãos. Sua investigação era sobre o que os cidadãos diziam saber. Era sobre toda e qualquer banalidade da vida cotidiana que contasse sobre o saber que cada um afirmava possuir.

Assim, no diálogo *Hipias maior*, de Platão, a conversa veio para o banal porque o sofista disse que estava para fazer uma palestra sobre a beleza. Então, Sócrates lhe perguntou o que era a beleza. Hípias respondeu que "uma bela virgem" era bela, e que isso era o que se podia dizer da beleza. Sócrates foi logo ironizando, e perguntou se uma bela égua era bela, e depois perguntou se uma bela panela era bela. Hípias se irritou. Não conseguiu perceber que ali, naquela banalidade, ele estava encrencado. Ele elencava exemplos sem perceber tautologias que enunciava. Sócrates ridicularizava as tautologias e continuava a mostrar que Hípias estava no campo de exemplos, não no campo da compreensão da "natureza da beleza". A essa altura, o diálogo já nada tinha de banal. O banal já havia sido *desbanalizado*.

Mas Hípias não compreendia a profundidade da pergunta socrática, a pergunta de tipo "O que é X?"

Aliás, diga-se de passagem, Hípias é apresentado até mais tolo, pois no limite o que ele não percebia é que o que falava equivalia à pergunta "qual é a cor do cavalo branco de Napoleão?".

Várias pessoas imaginam que "desbanalizar o banal" — que é uma expressão que eu cunhei para o meu filosofar — é ver o que não se está vendo. Mas não é isso. Ao contrário! Desbanalizar o banal não é uma questão de enxergar menos ou mais, mas de ver exatamente o que se tem em mãos, as coisas do mundo que estão vistas até em excesso, e então perceber que essa familiaridade não nos dá, talvez, condições de dizer do que se trata cada coisa. Ao sermos perguntados sobre o que é aquilo que vemos todos os dias, nos damos conta que podemos estar em um enrosco! Ou melhor, não conseguimos senão falar aqui e ali de características e exemplificações, mas não dizemos algo que nos dê condições de exclamar: agora eu fui capaz de notar que tenho um bom conhecimento sobre isso que vejo.

Desbanalizar o banal é antes enxergar o visto que procurar pelo que se imagina por demais escondido. Desbanalizar o banal não pressupõe o vanguardismo de achar que se sabe mais que outros ou que se pode enxergar mais que outros. Pressupõe outra atitude: o desejo de investigar o que é visto.

Sócrates nunca quis fazer perguntas por fazer. Ele jamais investigou por investigar. Ele efetiva e verdadeiramente queria as respostas. Se não as conseguia, não é porque não as desejava. Ele fazia uma investigação séria. É tolo aquele que acredita que a filosofia é um perguntar eterno, uma atividade interessada nas questões e não nas respostas. Isso é não compreender algo evidente em filosofia. Sócrates efetivamente chegava às aporias! Ele nunca usou de seu método como artifício didático ou como um divertimento de quem faz perguntas apenas por excentricidade. Compreender isso é começar a dar um passo em uma situação que, não raro, é angustiante.

A investigação que está envolta com a desbanalização do banal é efetivamente angustiante.

Sócrates viveu e morreu sem jamais ceder ao debate e às querelas que, alguns hoje em dia, imaginam que é a filosofia. Filosofia não é debate. Filosofia também não é desfile do saber. Filosofia não é confronto de ideias para a exibição em um concurso do qual se tira vencedores. Essas imagens caricaturescas da filosofia ficaram marcadas exatamente por causa da atividade sofística, não pela atividade filosófica. Já no tempo de Sócrates a consciência popular imaginava-o como mais um sofista, alguém do debate ou do desfile de "posições". Hoje vemos estudantes e leigos querendo nos ver em "debate". Mas não podemos satisfazê-los porque isso não é o que nós, filósofos, fazemos. Nós, herdeiros de Sócrates, investigamos. O melhor método do filósofo ainda é o método de Sócrates, o *elenkhós*, e não o método do sofista, a *erística*.[1]

Na *erística* o objetivo é o vencer. No *elenkhós* o objetivo não é nem vencer nem convencer, mas tentar ver até que ponto se é refutado. Ser refutado não é ser derrotado, mas é motivo para não confiar mais na tese colocada e ter de continuar a investigação.

---

1. O leitor pode investigar melhor sobre o método do *elenkhós*, da maiêutica e da erística em: Vlastos, G. *Socratic studies*. Cambridge: Cambridge University Press, 1995. Deve notar especialmente as notas de rodapé 19 e 29, no ensaio "The socratic elenchus: method is all".

Sócrates colocava um enunciado e pedia para seu interlocutor ou amigo a concordância sincera quanto a acreditar no que dizia. Pedia o mesmo sobre um segundo enunciado. Fazia o mesmo sobre um terceiro enunciado, então, tentava ver se era possível sustentar os três conjuntamente, ou se algum tinha de ser abandonado para continuar com outros. O *elenkhós* nada mais era do que "o método da refutação". Refute-me e poderei então abandonar o que acredito para procurarmos outra crença. O que é o belo, a coragem, a justiça etc. eram as questões de Sócrates, e o procedimento para respondê-las era encadear teses capazes de não serem refutadas. *Mutatis mutandis* o pressuposto de Sócrates era o que foi utilizado bem mais tarde, já em nossa era, por Popper na sua descrição de "o método científico", isso valeria se pudéssemos deixar de lado nos pressupostos científicos de hoje as provas por conta de experimentos.

O bom filósofo de hoje ainda trabalha assim, em um estilo socrático, mesmo que, às vezes, possa não mostrar isso em seu texto, pois os textos, principalmente a partir de Aristóteles, se modificaram para o escrito de ensaio histórico. Mas no processo investigativo a filosofia continua devedora ao seu inventor, Platão, mesmo que se apresente, em geral, na forma consagrada por Aristóteles, que no início da *Metafísica* faz uma exposição histórica a respeito da busca da essência na filosofia dos pré-socráticos e na filosofia exposta por Platão.

Sócrates filosofou como investigador e investigou como filósofo. Para ele o banal não tinha mistérios e, no entanto, se mostrava difícil de fornecer um conhecimento positivo mesmo nas garras do esforço de sua desbanalização.

3

Sócrates e Platão:
das indagações à metafísica

A o falar de si mesmo em seu julgamento, Sócrates enfatizou seu apreço pela verdade. Assim fez porque quis deixar marcado seu procedimento inusitado. Os julgamentos da época seguiam um ritual em que o importante era falar o que os jurados esperavam ouvir, algo como uma confissão de culpa meio que saindo pela tangente e, enfim, uma retórica de homenagem aos deuses da cidade enluvada de belas palavras — tudo seguindo a praxe. Sócrates insistiu tanto nessa ideia de "falar a verdade" que, não raro, alguns historiadores o viram como o *filósofo da verdade*, que seria muito um adjetivo cabível antes a Platão.

Todavia, como bem notou o filósofo austríaco Moritz Schlick, fazendo perguntas do tipo "o que é F?" em seu filosofar, Sócrates indicava estar procurando antes o significado que a verdade. Independentemente de concordarmos com Schlick, que afirma que a verdade é questão para a ciência enquanto a filosofia investiga o significado, é difícil não levá-lo a sério quanto a Sócrates.[1]

---

1. Schlick, M. The future of Philosophy. In: Rorty, R. *The linguistic turn*. Chicago: Chicago Press, 1997.

As questões de Sócrates, com as quais iniciava uma pesquisa, e para a qual convidava um interlocutor para acompanhá-lo, eram perguntas sobre "o que é a coragem?", "o que é a piedade?", "o que é a devoção" e coisas do tipo. Ainda que jamais tenha conseguido nenhuma resposta satisfatória para tais perguntas, parece que ele nunca esmoreceu. Afinal, saber disso não era propriamente algo banal, mas significava atingir uma sabedoria próxima à dos deuses — assim ele entendia. Por diversas vezes ele insistiu nessa tecla.

Diante da pergunta "o que é a coragem?" os atenienses respondiam dando exemplos de atos corajosos. Sócrates insistia que queria "a natureza da coragem" e voltava novamente a repor o interlocutor na trilha da investigação conjunta. Muitos dos atenienses o confundiam com um sofista, pois ele parecia exercer o método da erística, ou seja, o de contrapor contrários. Mas Sócrates exercia um método próprio, o *elenkhós*, que consistia em afirmar duas teses e, então, junto com o interlocutor, notar que elas não podiam coexistir, o que os levava a desistir de uma ou das duas e reiniciar o processo. Iam assim da refutação do colocado para outra refutação. *Elenkhós*, o nome já diz: refutação.

Esse processo não era um ensino propriamente dito. Não havia aí um saber adrede preparado para "instruir a juventude", e por isso mesmo Sócrates jamais aceitou a ideia de que ele era um professor, um sofista. Ao contrário, ele sempre se viu aprendendo e, portanto, em busca do que amava: o saber — o que é propriamente o filósofo, o amante do saber. Todavia, por que saber "o que é F"? Por que saber de algo que, se obtido, não iria instruir? Por que saber sobre o que os pais gregos mais ricos, ao contratarem sofistas para guiarem seus filhos, não viam utilidade?

Saber o que é a coragem ou o que é a devoção ou o que é a virtude e coisas do gênero, segundo Sócrates, daria condições ao ateniense de poder efetivamente saber quando estava exercendo a coragem, a devoção e a virtude. Pois Sócrates acreditava que o conhecimento é, ele próprio, uma virtude. Possuí-lo daria ao ateniense o caminho do bem, uma vez que o erro e o exercício dos vícios eram levados adiante, segundo Sócrates, por motivos de desconhecimento, e não por deliberada má intenção, do tipo daquela que se poderia chamar de ação irracional.

Despossuindo a capacidade de responder suas perguntas, o ateniense, e talvez ele próprio, Sócrates, não poderiam efetivamente avaliar se os atos que desempenhavam eram virtuosos. Assim ele pensava: como saber se alguém é de fato exímio em algo de modo a realizar o seu melhor, e então ser virtuoso, se esse algo não é sequer possível de ser recortado e explicitado? Desse modo, se afirmassem ser alguma coisa na cidade, na condição de homens livres, estavam sujeitos a só se mostrar desconhecedores de quem efetivamente eram. Estariam então contra os deuses. Pois, no Templo de Apolo, estava a inscrição que Sócrates e outros antigos (Heráclito, por exemplo) prezavam muito: "conhece-te a ti mesmo".

Cumprir com o "conhece-te a ti mesmo", como era a primeira regra do "deus do Templo" (assim Sócrates se referia), pouco tinha de moderno, no sentido nosso da palavra "autoconhecimento", pois não se tratava de levar a cabo uma investigação de autorreflexão, muito menos uma investigação de tipo psicanalítica. Era uma investigação sobre a posição anunciada com fé a respeito de si mesmo na condição de cidadão de Atenas. Um general que se diz corajoso e um religioso que se diz pio devem efetivamente assim ser. Mas, se não sabem o que é a coragem ou a devoção, como poderiam se afirmar merecedores dos títulos que a cidade lhes havia dado e que eles mesmos anunciavam?

Essa missão de Sócrates ficou inconclusa, e a "Teoria das Formas", de Platão, veio como que uma resposta para toda ela. Saber das Formas (*eidos*, essência) era saber o que Sócrates queria saber, assim interpretou Platão. Ele levou a sério a possibilidade de encontrar os saberes que Sócrates anunciava como, talvez, só pertencentes aos deuses. Mas Platão, sabemos, ele próprio tinha em sua linhagem familiar Sólon e, acima, os deuses.

Platão escreveu sobre Sócrates e, a partir de determinado momento, fez desse seu personagem não mais um mestre, mas tornou-o um aluno de platonismo, preocupado com a Teoria das Formas. Assim, o Sócrates do *elenkhós*, sempre inconcluso, foi deixado de lado. Sócrates ganhou um novo rosto, aquele do filósofo disposto a retirar de pessoas quase ignorantes aquilo que elas já estariam sabendo, por meio de perguntas hábeis. Ocorreria aí a anamnese. Um procedimento que dependia de uma visão metafísica que Sócrates jamais trilhou, uma vez que ele não foi um pensador metafísico. Um procedimento em relação ao qual talvez coubesse o nome dado por Platão, a *maiêutica*, e não propriamente o *elenkhós*.

A anamnese tinha pressupostos.

Todos os homens teriam já passado, de alguma maneira, pelo mundo das Formas, eles próprios como almas essenciais. Assim, todos, de alguma maneira, já teriam algum saber. A questão era levá-los a recordar as Formas por meio de perguntas hábeis, por meio de uma boa investigação. Esse método, bem mais platônico que socrático, passou para a história como a maiêutica — o procedimento de parir ideias. Aliás, para alguns, em especial a velha historiografia francesa, contestada pela historiografia de língua inglesa, este seria o método propriamente socrático de filosofia.

Foi assim, então, que Platão montou sua própria filosofia, ou melhor, o que ficou com o nome de platonismo, correspondendo a uma parte do pensamento de Platão. Essa filosofia foi gestada no interior de sua escola, a Academia.

"Que não entre aqui aquele que não sabe geometria" — esta sentença ficava acima do portão da Academia, a escola criada por Platão. Por que o filósofo escreveu algo assim? Por que esse pré-requisito para o estudo da filosofia?

Quando hoje o estudante relapso mostra-se incapaz em geometria e fica sabendo dessa inscrição, logo se revolta contra Platão, chamando-o de "arrogante" ou, de modo mais tolo, de "elitista". Claro que Platão queria dividir a sociedade segundo uma lógica classista, quase estamental, e, sem sombra de dúvida, não via outro modo de uma cidade ser justa senão governada por elites. Mas a inscrição na porta nunca foi indicação de arrogância. A acusação de arrogância jogada nas costas dos filósofos é, não raro, fruto antes de certa preguiça que propriamente de qualquer ato nosso, os herdeiros de Platão.

A chamada pela geometria, na Academia, nunca foi outra coisa senão o pedido de atenção para que cada estudante pudesse lembrar que o saber que o filósofo busca é um estágio superior ao saber geométrico, sendo que este prepara a escada para aquele. Qual o saber almejado?

Tratava-se de um saber que não é o dos sentidos, e que depende de um deslocamento para um mundo divino, no qual um dia estivemos não de corpo e nem mesmo de alma, se pensamos na completude da alma no entender de Platão. Tratava-se de rememorar a situação em que esteve a nossa alma cognitiva, intelectual, isto é, a parte divina e cósmica de nossa alma — esta situação foi a vivida no mundo das Formas, do *Eidos*, do essencial. Este mundo seria aquele que tem um grau acima do mundo das formas geométricas. Quem se acostumou a trabalhar com a geometria tem tudo para, uma vez aqui na Terra, passar pela anamnese e recordar boa parte do que viu no mundo das Formas.

Havia algo de místico nisso? Não muito. Talvez quase nada, além do vocabulário platônico.

Não é difícil saber do que Platão estava falando, por meio de um exemplo dele mesmo: colocamos diante de nossa visão dois dedos, o indicador e o médio, e vemos que o dedo médio é grande e também o indicador é grande, mas que este é menor que aquele. Sendo assim, temos o dedo médio grande e o dedo indicador grande e diferente. Ora, temos dois grandes, mas onde está o Grande? Para que exista o grande do dedo médio e o grande do dedo indicador é necessário que ambos tenham *participado* (essa é a palavra usada por Platão) do Grande (ou da grandeza, dizemos nós). Ou seja, deve haver em algum lugar o Grande que não está subsumido ao mundo dos sentidos e, portanto, não é o grande do tamanho do dedo médio ou o grande do tamanho do dedo indicador. A Forma do Grande ou o Grande pertenceria a um mundo com estatuto ontológico, e no qual todos nós estivemos com a "parte melhor" de nossa alma. Nesse lugar estariam as Formas do Grande, da Beleza, da Justiça etc. Conseguir se lembrar disso, aqui nesse mundo corpóreo, requisitava um exercício intelectual, e esse exercício nada era senão aquele que se fazia e se faz quando se está compreendendo a geometria. A geometria seria um saber que nos prepararia para o saber procurado pelos filósofos, o saber das Formas, o saber divino.

Por isso, para Platão, como bem sublinhou Michel Montaigne mais tarde, filosofar era uma espécie de se preparar para morrer. Isto é, o filosofar visava a libertação do sensível, do sensório, para então alcançar aquela condição que somente aos deuses pertenceria, a de viver em um mundo em que o corpo não teria qualquer importância.

Podemos traduzir tudo acima para a linguagem de Aristóteles, que é mais próxima da nossa, de nossos dicionários (onde tudo isso pode ser chamado de "processos de abstração"). Mas não convém fazer isso. O interessante é manter a linguagem de Platão para compreender efetivamente toda a sua filosofia e o vínculo desta com aquele que precisa ter uma vida de geômetra. Uma vida na Terra compreendendo formas geométricas facilita a lembrança da vida no mundo incorpóreo das Formas. Por isso, ser geômetra não é simplesmente ser um amante dos estudos nesse tipo de matemática, mas viver como alguém com aptidão para querer se envolver com a busca de recordações do mundo das Formas.

É fácil ver que aqueles que, diante da frase platônica, chamam o filósofo de arrogante, são eles próprios, na ignorância do que Platão queria dizer com aquela frase, os principais arrogantes.

Talvez sejamos todos arrogantes não pelo que sabemos, mas pelo que ignoramos. Se pudermos levar a sério essa última frase, melhoraríamos? Alguns sim, outros, mesmo lendo tudo isso, ainda vão continuar chamando arrogantemente os filósofos de arrogantes.

Platão foi altivo, o que muitos, ao não entenderem a filosofia, tomaram como arrogância. Sua altivez advinha exatamente da altivez de sua filosofia. Durante muito tempo ele não se conformou em ficar limitado às aporias socráticas. Ao pensar assim, ele entendia que Sócrates não errou, apenas morreu antes de poder perceber que havia soluções para as suas aporias. Ele acreditava que Sócrates, ao apontar para o conhecimento intelectual, que deveria advir de respostas às suas perguntas "o que é F?", havia chamado tal saber de conhecimento divino, e que assim fazendo estava efetivamente falando de um saber alcançado pelos que um dia viveram quase que na condição das divindades, sem o peso de seus corpos abaixo do Olimpo.

Conhecer as formas geométricas para Platão era quase que dar um passo para as Formas como essências. Afinal, se cada coisa tem uma forma geométrica comum, isso é análogo a dizer que cada coisa tem uma forma como essência, como *eidos*. E se as formas geométricas são apreendidas pelo intelecto — por formulações matemáticas e não somente pela visão — então as Formas como essências deveriam ser obtidas segundo um caminho semelhante.

Com a Teoria das Formas Platão não respondeu apenas ao que Sócrates queria responder, mas também forneceu a si mesmo uma teoria para a sua indagação de como resolver um problema central de suas preocupações, o da justiça. Afinal, Platão, como membro das elites aristocráticas, ao contrário de Sócrates, sempre esteve ligado à política. Para ele era fundamental criar a *cidade justa*. A democracia que tantos amavam havia sido injusta ao matar Sócrates, o mais correto dos homens. A metafísica das Formas foi uma maneira central para Platão no equacionamento da sua construção da cidade justa.

Como seria uma cidade justa? Como ele poderia definir a justiça?

As investigações sobre esses temas foram desenvolvidas por Platão em *A República*. É o livro mais importante do filósofo e, sem dúvida, um dos principais clássicos da filosofia de todos os tempos. Certamente, a obra de maior importância da filosofia antiga. Nesse escrito Platão casou seus dois principais objetivos, o de mostrar que Sócrates estava correto, isto é, que poderíamos chegar ao conhecimento, e o de mostrar que poderíamos viver debaixo de regras justas (e sermos felizes). O casamento desses dois objetivos se fez de um modo extremamente inteligente: a cidade justa seria aquela que não poderia condenar o filósofo, mas, ao contrário, seria naturalmente governada por ele. Esta foi a proposta deixada em *A República*.

Na montagem dos argumentos dessa obra Platão escreveu sobre metafísica, epistemologia, psicologia, ética, estética, política, teoria social e pedagogia. Mas, ao ter de definir o que seria a justiça e como o rei filósofo a encontraria, evitando então as divergências entre os outros sábios do comando do governo, Platão criou a própria filosofia como metafísica.

O fio condutor de *A República* se fez por meio da construção do Estado perfeito ou da cidade justa. A cidade utópica foi dividida em três classes — artesãos, soldados e governantes — que corresponderiam às divisões da alma. A alma humana teria três partes, cada uma propícia a um desenvolvimento maior de uma das virtudes entre três das quatro virtudes clássicas do mundo grego, sabedoria, coragem e temperança. As crianças nasceriam e seriam tiradas dos pais, de modo a crescer em comunidade, e então seriam educadas segundo o respeito de suas aptidões, o que as conduziria a uma das três classes no futuro. Todas as classes teriam de cultivar a temperança, embora ela devesse ser exigida dos artesãos de um modo específico e especial. A sabedoria deveria ser típica dos administradores da cidade (um conselho de anciãos), de onde se tiraria o rei. Os soldados seriam os protetores da ordem interna e da liberdade da cidade perante inimigos externos, e deveriam ser os destacados na virtude da bravura e de ter orgulho disso. Assim, as virtudes gregas estariam presentes: sabedoria, coragem e temperança. A quarta virtude? Seria a justiça, e deveria estar em cada homem na medida em que estivesse presente na alma da cidade. Ela seria nada mais nada menos que fruto da harmonia entre as classes.

Tendo construído o esquema da cidade justa, o problema de Platão passou a ser, então, o de fazer com que em momento algum a harmonia viesse a se perder. O que não poderia ocorrer? Ora, que a cidade não tivesse mecanismos para evitar que a injustiça viesse a substituir a justiça. O que seria a desarmonia entre as classes? Simples: a falta de cooperação e, no limite, as disputas e a guerra civil. Mas as classes não entrariam em desarmonia por obra própria; isso ocorreria na medida em que surgissem disputas férreas no interior das elites, ou seja, no âmbito dos administradores, os sábios. Assim, todo o esforço de Platão se dirigiu, em determinado momento de *A República*, para o estabelecimento de parâmetros educacionais e pedagógicos. Fazia-se necessário que as elites recebessem uma educação capaz de lhes conduzir para o Bem — único — e, assim, destituir-lhes do que seria uma má prerrogativa, a da divergência tola, calcada não em conhecimento, mas em crenças e em opiniões.

A educação comum iria até certa etapa da vida de cada um. Ginástica e música, base da educação grega, no entanto, não bastariam para as elites governantes. Elas teriam de ter uma educação única e filosófica. Com essa educação filosófica, os homens destinados ao conselho da cidade poderiam se tornar efetivamente filósofos. Eles seriam os capazes de adotar não as crenças verdadeiras apenas — o terreno fértil dos retóricos e céticos —, mas os aptos a alcançar o conhecimento — a sabedoria. Uma vez de posse do conhecimento, eles garantiriam decisões comuns iguais ou quase isso, e divergiriam pouco entre eles próprios. No essencial, acertariam sempre. Estariam, assim, conduzindo a cidade de modo correto, afastando o perigo da emergência da desarmonia entre eles, o que, caso ocorresse, fatalmente se espraiaria em forma de partidarismos das outras classes em favor de líderes individuais das elites.

Platão buscou um antídoto para o perigo da disputa entre grupos das elites comandantes da cidade — o conselho de anciãos — e para a guerra civil decorrente, fonte de todo o fim da justiça. Mas a cidade justa, como Platão a criou, não seria apenas justa, ela abarcaria elementos fortes contra a possibilidade fácil da emergência da injustiça.

O comando centralizado da cidade cairia nas mãos do conselho de anciãos, os guardiões da cidade. Neste conselho, um dos membros seria o rei e, ao mesmo tempo, filósofo máximo. Ele seria filósofo autêntico e jamais tirano, uma vez que estaria, cotidianamente, esperando o momento de passar o poder e, então, voltar ao seu campo predileto — o livre pensar da filosofia. Todavia, uma vez no poder, o rei exerceria sua função corretamente, pois estaria de posse do conhecimento, longe das meras crenças. E exerceria suas funções administrativas e filosóficas sem nenhuma tensão entre elas. Tendo alcançado o conhecimento, agiria em função deste, e não veria oposição dos outros membros do conselho, também versados no trabalho dialético de conseguir o conhecimento e de abandonar crenças e opiniões.

Criando sua cidade justa nesses termos, Platão se obrigou, em *A República*, a explicar como a educação filosófica poderia fazer aquilo que Sócrates queria fazer: encontrar as definições (morais) e, então, o conhecimento, e sair do campo daquele que escorregava de exemplo em exemplo ao querer explicar algo. O filósofo e, em especial, o rei-filósofo, seria aquele capaz de deixar de ser amante de imagens e sons, para ser o amante do saber — a própria definição de filosofia se fez aí, então, relembrada por Platão. O amante de imagens e sons belos não seria o filósofo, pois o filósofo era amante do belo em si, de tudo que é em si, ou seja, que se mostra contemplativamente nas Formas. Crenças e opiniões mostrariam as coisas que são belas, boas, autênticas etc. Diferentemente, o conhecimento teria por objeto o belo, a verdade etc.

Nesses termos, Platão se viu na tarefa de mostrar como a filosofia podia chegar ao conhecimento, já que o conhecimento não permitiria as divergências perigosas que arrastam os que vivem apenas com as crenças e opiniões para a produção da injustiça. Sua questão, em determinado momento de *A República*, se fez exatamente esta: como é possível uma educação — filosófica — para alcançar tal ponto onde há o salto do âmbito da opinião para o âmbito do autêntico saber? Essa tarefa levou Platão ao campo metafísico, ou seja, à "Teoria das Formas", e ao campo epistemológico, que ele expôs doutrinariamente no que aqui mencionei como a busca pelo Grande, o que em *A República* ele apontou por meio de fórmulas de alegorias para aqueles que não estudavam filosofia, mas queriam saber o que era a descoberta dos filósofos. Essas fórmulas didáticas se apresentaram por meio da célebre Alegoria da Caverna e da conhecida imagem da Linha Dividida.[2]

A filosofia política exigiu, então, uma metafísica e uma epistemologia, que teriam de nutrir uma pedagogia especial e, enfim, toda uma moral e uma estética. Essa metafísica, é fácil ver, trouxe então a epistemologia em associação ao campo ético, na medida em que Platão não desvinculava o Bem do que é a Verdade (e do Belo).

Quando Platão ficou mais velho, passou a desconfiar desse seu edifício, que veio a constituir o platonismo canônico. Aliás, as críticas ao platonismo exibidas mais tarde por Aristóteles talvez não tenham sido mérito deste, ou ao menos não o mérito de total originalidade. O próprio Platão, em escritos do final da vida, atentou para os impasses da sua teoria. Há quem diga, inclusive, que Platão terminou a vida sem ser um platonista, tal como hoje podemos falar de um adepto do platonismo. Platão teria voltado a dar crédito ao *elenkhós* socrático e seu possível término em aporias. Todavia, essa é uma questão em aberto entre historiadores e filósofos, e talvez nunca possamos de fato chegar a alguma conclusão sobre isso.

Mas, se ao menos pudermos conjecturar algo próximo disso, então mais ainda terão razão aqueles que sempre viram Sócrates e Platão como figuras separadas e fundidas ao mesmo tempo. Mais ainda terão razão aqueles que admiram Platão por ele nunca ter sido o filósofo do fechamento de questões, como não raro ele é tratado nos livros de história da filosofia de nossa época.

---

2. Para uma leitura guiada dessa parte e, enfim, de todo o livro *A República*, vale a pena conhecer: Annas, J. *An introduction to Plato's Republic*. Oxford: Clarendon Press, 1981.

4

O feminino e a invenção da filosofia socrática

O uso excessivo e indiscriminado da palavra "machismo" tornou-a vazia. Inumeráveis comportamentos completamente diferentes foram chamados de "machistas", e isso desqualificou o termo. Além disso, por erro, muitos começaram a falar de "machismo" não só como elemento de motivação para o comportamento, mas como a própria descrição do comportamento em questão, levando a uma total confusão entre o que é interpretação e o que é a descrição de uma ocorrência.

Mas há erros piores, e não ficaram de fora do mundo acadêmico.

Um desses erros é o de utilizar "machismo" para o *masculinismo* de culturas de sociedades antigas. "Machismo" é um termo moderno, e é recortado a partir da emergência do movimento das mulheres que originou o feminismo. O mundo grego antigo nunca foi machista nesse sentido. Ele foi um mundo masculino.

O mundo grego no qual Sócrates viveu era um mundo tão masculino que o "amor aos rapazes" tinha a ver com a educação e, se refinado, com a educação filosófica. Foi um mundo de tal modo viril que até no amor ao belo pensava-se antes no corpo masculino que no feminino, o oposto do nosso mundo, no qual a beleza até pouco tempo só cabia se atribuída à mulher — e isso até mesmo na conversa entre mulheres.

Todavia, em um mundo assim, masculino, como o mundo antigo, Sócrates surpreendeu.

Ele surgiu como o novo à medida que nunca disse ter tido mestres. Sócrates foi o filósofo que emergiu na cena cultural sem ter aprendido de outro? Ele parecia gostar de deixar essa questão pairando no ar. Isso significava que ele queria afrontar as instituições escolares e a prática da educação filosófica de até então? Talvez sim. Todavia, ele nunca disse não ter passado por um ensino formal, regrado, um tipo de escola. A diferença é que ele, de modo único em toda a Grécia antiga conhecida por nós, enumerou entre seus mestres somente mulheres.

Fenarete, Xantipa, Mirto, Aspásia e Diotima — as cinco mulheres de Sócrates. A primeira foi sua mãe. Xantipa e Mirto foram suas esposas. A quarta teve um casamento com Péricles, governante de Atenas na época de Sócrates, e, enfim, a quinta pode ter sido apenas uma personagem ficcional. Sócrates fez sua vida como um aprendiz de mulheres.

Fenarete foi parteira. Em uma célebre passagem de um texto platônico, Sócrates chegou a dizer que fazia com as ideias o que a sua mãe fazia com os bebês, o serviço do parto (aliás, uma verdade que dizia muito mais da filosofia de Platão que do próprio Sócrates). Ele, Sócrates, foi um bom filho, e tudo indica que gostava de sua mãe. Na viuvez de Fenarete, na condição de filho mais velho, presenteou-a com a emancipação, dando-lhe condições legais para contrair novo matrimônio.

Xantipa tornou-se a esposa mais famosa de Sócrates. Aliás, má fama. Ganhou a história por ter um gênio terrível. Nietzsche inventou uma curiosa tese sobre Xantipa: sendo tão pouco hospitaleira, ela teria contribuído decisivamente para a filosofia à medida que tornou Sócrates um habitante de todos os lugares de conversação, menos de sua casa.

Mirto foi casada com Sócrates antes ou depois de Xantipa? Não sabemos. Há quem diga que ela era filha de Aristides, "o Justo", um tipo de jurisconsulto de Atenas. Ou teria sido Mirto uma esposa ilegítima, uma amante e, nesse sentido, um registro mais difícil de ter caído nas mãos de historiadores, até mesmo os mais xeretas? Dado o tipo de personalidade de Sócrates, é mais fácil apostar que não foi o caso.

Em relação às duas esposas, não há registro de algum aprendizado da "arte erótica" por parte de Sócrates, que é aquilo no qual ele se gabava de ser mestre. No entanto, Aspásia e Diotima dividiram entre si e, é claro, com Alcebíades, a história de Sócrates no seu convívio mais íntimo com Eros. Em uma cultura francamente homoerótica, é significativo que Sócrates, todas as vezes que contou como que aprendeu sobre "os mistérios do amor", tenha se referido a mulheres.

As relações do deus ou gênio (*daimonion*) Eros com Sócrates foram intensas. A Mosca de Atenas, como ele se intitulava, tinha a mania de confessar ignorância em muitas coisas, mas uma na qual ele não se dizia leigo era a da "arte erótica" (ele jamais disse a tola frase "só sei que nada sei"). Ele disse ter aprendido muito dessa arte com Diotima e Aspásia. A primeira deu-lhe a maneira de ir do "amor dos rapazes", a pederastia, ao amor às coisas em si mesmas, as Formas, através de uma escada erótica. Foi o que

Platão mostrou em *O banquete*. A segunda apareceu, principalmente, em *Aspásia*, obra do socrático Ésquines de Esfeto. Nesse
livro, ela é indicada por Sócrates como professora capaz de tornar
o filho de Callias um bom cidadão e um político bem formado.

No frigir dos ovos, o "pai da filosofia ocidental", o personagem Sócrates, deixou as figuras femininas de Diotima e Aspásia
como tendo sido, de certo modo, as verdadeiras criadoras do
próprio modo com o qual ele veio a filosofar. O que cada uma
efetivamente realizou?

A sociedade moderna na qual vivemos trata o amor de um
modo que não nos facilita em nada o entendimento das atividades eróticas da Grécia de Sócrates e Platão. Pertencemos a uma
sociedade de muito sexo e pouco erotismo. Além disso, vivemos
relações amorosas sob dois modelos extremos, bem diferentes do
que o grego poderia invocar como sendo da ordem de Eros.
Nossos relacionamentos envolvem ou esperanças inflacionadas,
dadas pelo chamado "amor romântico", ou o aproveitamento
rápido da liberdade individual, dadas senão pelo sexo casual ao
menos pelo "ficar" — que já não é mais uma prerrogativa só dos
jovens. O erotismo dos gregos e, principalmente dos filósofos,
especialmente de Sócrates e Platão, não tinha nenhuma dessas
duas conotações, ao menos não de modo exclusivo ou prioritário.
Para Sócrates e Platão, Eros deveria ser posto a serviço da melhoria da pessoa humana. Associava-se à virtude e esta, por sua
vez, ligava-se ao prosperar, à felicidade (*eudaimonia*). Por arte
de condução do erotismo ou "mistérios do amor", Sócrates nunca quis se referir a outra coisa que não fosse a atividade de um
tipo de *namoro* cujo transcurso serviria com um meio natural de
melhoria do amado e do amante.

Essa melhoria foi o que Sócrates colocou na célebre fórmula posta em *O banquete*, de Platão, quando diz ter tido Diotima como mestra, na resposta à pergunta "o que é o amor" ou "o que é que o amor ama?". O amor não é o amor do amante na direção do amado ou o amor em direção ao belo, mas, mais exatamente, o amor de "dar à luz no belo". Ou seja, o desejo erótico é o desejo de "gerar e dar a luz *no* belo". O que isso significa? A explicação tem de vir por etapas.

Primeiro, é necessário ter em mente o valor do belo para o grego. O que é belo é para ser notado e desejado. No entanto, nunca devemos esquecer o quão feio era Sócrates e como ele tinha a capacidade de seduzir os jovens. Isso nos faz aprender que o belo, para os gregos, era um termo que poderia ser trocado pelo bem e pela verdade, e de um modo muito mais livre que o de nossa prática atual, quando intercambiamos tais palavras. Tendo isso em mente, devemos notar então que Eros, quando se manifesta, impulsiona as pessoas a procurar o belo, sendo que o belo, aqui, deve ser tomado em um sentido amplo. Uma vez encontrado o belo, inicia-se aí o relacionamento entre o amante e o amado. Ambos encontram o belo e querem que ele se perpetue — pois isso dá prazer, promete felicidade. No entanto, amante e amado não são eternos e sabem muito bem disso. O amor pode acabar; por ele próprio ou pela morte de um dos parceiros. Então, o desejo de todos é tentar perpetuar a felicidade alcançada ou indicada no amor. Como?

Perpetuar o belo pode ser algo a ser alcançado por meio da geração de filhos. É uma forma, mas não a única e talvez nem a mais produtiva que o amor encontra. O relacionamento homoerótico é até o mais indicado para a geração do belo que se pretende perene. Pois neste, não havendo filhos, os verdadeiros rebentos são tudo aquilo que é produzido por ambos, no âmbito da cultura, criado com o objetivo inicial de mútuo agrado. Cada amante procura melhorar a si mesmo para dar o melhor de si ao amado como oferenda, exemplo, ensino e, por que não dizer também, como uma prática de exibicionismo — o que deve promover certo orgulho no parceiro.

Mas esse modo de Eros atuar, mostrado por Diotima a Sócrates, como aparece em *O banquete*, não é necessariamente um privilégio da pederastia, ainda que, nela, tenha o seu lugar especial destacado por Platão. Todos os verdadeiros enamorados sabem que é muito prazeroso ver as belas produções do parceiro (ou o seu sucesso) que, enfim, de certo modo são recebidas como oferendas e homenagens. Não à toa nós, escritores, fazemos dedicatórias em nossos livros. Não à toa há pintores e poetas com musas inspiradoras. Há reis que constroem palácios para suas amadas. Mesmo no nosso mundo democrático onde, em parte, predomina o nosso amor romântico moderno e, portanto, uma atividade menos diretamente envolvida com a comunidade, pode-se imaginar que alguém que administra uma cidade ganhe a admiração de seu cônjuge se é reeleito administrador por seu êxito na criação e execução das leis da cidade. É difícil não ver nisso elementos de melhoria do casal de enamorados que, enfim, refletem para toda a comunidade. Ao fim e ao cabo, muito do que é dito eterno na cultura local pode-se contar como o que foi produzido por homens e mulheres que, no momento da criação, estiveram apaixonados antes por outros que pela própria obra.

Essa relação pode se intensificar ao extremo. Mas ela não é prerrogativa de ninguém em especial. No *Fedro*, Platão se dedicou claramente a esse assunto. Mostrou então que uma tal relação pode ser exercida por qualquer um, mas, se exercida por aqueles que introduzem a conversação filosófica no relacionamento, cria-se a chance dos ganhos serem ainda maiores.

Quando lemos *O banquete* e o glosamos com o *Fedro*, podemos concluir que Sócrates, ao mostrar a melhoria causada por uma relação guiada por Eros, uma relação erótica, tem um duplo olhar: a finalidade da relação é que os envolvidos possam contemplar as coisas em sua realidade, ou seja, as coisas em si — a Formas ou as Ideias, como Platão as caracterizou. Eles, os dois do par amoroso, melhoram e intensificam o cuidado um do outro, bem como a amizade recíproca, e isso irá capacitá-los a enxergar o que antes não viam — em um sentido não corriqueiro, mas metafísico, ou seja, aquele aludido por Platão em *A República*, na célebre "alegoria da caverna". Poderão plenamente entrar em êxtase ao se depararem com o Belo, a Verdade e o Bem. No percurso, produzirão bens culturais de toda ordem — de um poema às leis de uma cidade — e também terão, até para que essas coisas sejam produzidas, longas conversações filosóficas. Isso selará um amor-amizade que permanecerá mesmo quando a paixão mais diretamente ligada ao sexo, com o tempo, vier a se arrefecer.

Esse indestrutível amor-amizade em vida lhes permitirá, após a morte, terem suas almas livres do ciclo de reencarnações, programável para dez mil anos para cada um, mas perfeitamente encurtado se o relacionamento do casal contiver em seu meio a filosofia. No *Fedro*, portanto, Platão alia um componente religioso ao trabalho de Eros e da filosofia, quase inexistente no *Banquete*. Sua teoria da transmigração das almas é introduzida aí, prometendo benefícios aos filósofos mais que aos não filósofos, mas isso só em relação ao tempo. No limite, quase todos poderiam ter o amor como elemento favorável às transformações necessárias para se desgarrar da contínua reencarnação da alma.

Mas, que filosofia seria esta que se envolve com Eros, qualquer uma? Ou Platão elege a sua própria ou a de Sócrates? Parece ter sido um consenso entre vários socráticos ter de escrever, em algum momento, expondo a metodologia socrática como um elemento da atividade erótica, e isso, em termos especiais. Nesse caso, vale a pena voltar os olhos para Aspásia.

As mulheres de Atenas eram, por lei, submissas ao lar. Dificilmente estudavam. No entanto, havia muitas estrangeiras na cidade. Estas, por sua vez, estavam livres das leis da cidade. Portanto, podiam estudar e, em certo sentido, participar de profissões tipicamente masculinas. No entanto, ao ficarem livres das leis, também perdiam a proteção da cidade. Assim, exceto no caso de assassinato, poderiam ser vítimas de agressões, inclusive o estupro, sem que os agressores fossem punidos. Isso as fazia alvos fáceis de barbarismos. Por causa disso, essas mulheres procuravam proteção e, não raro, se colocavam como cortesãs. Esse foi *quase* o caso de Aspásia.

Aspásia ficou nos registros históricos como uma cortesã. Mas, ela foi esposa legítima de Péricles, tão logo este ficou viúvo.[1] Depois, com a morte de Péricles, desposou Lysicles, um mercador dono de navios. Em ambos os casos, tornou-se importante intelectual na vida de seus maridos. Foi professora de retórica de

---

1. No que segue, uma boa parte das informações vem de: Döring, K. The students of Socrates. In: Morrison, D. The *Cambridge Companhion to Socrates*. Cambridge: Cambridge University Press. 2011.

Péricles e, mesmo em relação ao seu segundo marido, cuja vida política era bem limitada, ela deu enorme contribuição intelectual. No livro que leva o seu nome, de Ésquines, ela aparece, entre outras atividades, em uma conversa com Xenofon e sua esposa, importante na sua caracterização.

A conversa segue mais ou menos do seguinte modo:

Aspásia: "Conte-me, esposa de Xenofon, se a sua vizinha tivesse adornos dourados muito mais atraentes e belos que os seus, você preferiria ter os seus ou os dela?".

A esposa: "os dela".

Aspásia: "E se ela tivesse casacos e outras coisas do tipo de mais valor que os seus, você preferiria ter os seus ou os dela?".

A esposa: "Os dela, é claro".

Aspásia: "Bem, e se ela tivesse um marido melhor do que o que você tem, você preferiria o seu marido ou o dela?".

Nesse momento, a mulher corou e ficou em silêncio. Aspásia submete o próprio Xenofon a uma bateria de questões análogas, colocando-o também numa situação embaraçosa do mesmo tipo. A reação de Xenofon imita a de sua esposa. Então, Aspásia expõe a eles o que eles próprios estavam pensando, que eles gostariam de, é claro, ter os melhores parceiros que pudessem ter. Sendo assim, não restaria outra coisa a fazer, no caso deles, senão serem eles próprios os melhores parceiros em geral. A luta de Xenofon teria de ser para conseguir ser o melhor marido possível. A luta da esposa, analogamente, viria no sentido de ser a melhor esposa possível.

É claro que, nesse caso, o que o socrático Ésquines quis enfatizar é que a metodologia bem próxima da de Sócrates é a que vinga na prática filosófica de Aspásia. Primeiro: Aspásia mostra ao casal que se eles dizem que amam um ao outro, isso não é consistente com o que dizem no inquérito, de que querem algo melhor do que possuem. Desse modo, aos moldes do que ocorre nos diálogos de Sócrates como os conhecemos por parte de Platão, surge um impasse entre as crenças professadas pelos interlocutores. Segundo: essa inconsistência pode terminar, e de um modo virtuoso — que é o que interessa para Aspásia promover —, se eles se decidirem se transformar, eles mesmos, no que há de melhor como marido e esposa. O primeiro passo é o "conhece-te a ti mesmo", no momento em que eles ficam corados e se dão conta de que podem estar procurando algo melhor. O segundo passo, então, seria decidirem, a partir daquela conversação, seguir virtuosamente ou não. Poderiam muito bem seguir virtuosamente, tornando-se eles próprios o que há de melhor como cônjuges. Com a prática, eliminariam a inconsistência do discurso.

O livro de Esquines também deixou a informação de Sócrates contando que ele foi estudante de Aspásia em matéria de amor. É fácil ver que Ésquines se refere, nesse caso, à atividade erótica característica de Sócrates, sua conversação sedutora, ou seja, aquilo que nós poderíamos chamar de uma grande capacidade de entreter e fazer crescer seus amados ou amantes — em suma, *o namoro*. A maneira como Aspásia, no livro de Ésquines, leva adiante a conversa com Xenofon e sua esposa nada é senão uma atividade muito parecida com a própria forma de conversação de Sócrates. Caso a conversa fosse não a três, mas a dois, poderia ser muito bem uma saudável maneira de conduzir um namoro, uma conversação amorosa muito agradável, e aí não importa se como uma atividade heterossexual ou homossexual.

5

Sócrates e a cultura masculina de Atenas

Em uma célebre observação sobre "a crise na cultura", Hannah Arendt comentou uma fantástica frase de Péricles, um importante governante de Atenas no tempo de Sócrates, que ela assim traduziu: "amamos a beleza dentro dos limites do juízo político, e filosofamos sem o vício bárbaro da efeminação".[1] Devolvo a frase à Antiguidade em favor da compreensão do contexto em que Sócrates proclamou como sendo seu o lema "conhece-te a ti mesmo", inscrito no Templo de Apolo. Penso que se compreendermos essa síntese de Péricles, então será mais fácil lidar com o lema adotado por Sócrates e, de quebra, com outro adágio vindo de sua filosofia, "uma vida não examinada não vale a pena ser vivida", frase deixada por Platão em sua *Apologia de Sócrates*.

A primeira parte da frase de Péricles — "amamos a beleza dentro dos limites do juízo político" — revela uma aguda compreensão da vida grega. Os homens mais instruídos da época clássica sentiam

---

1. Arendt, H. *Entre o passado e o futuro*. São Paulo: Perspectiva, 1972, p. 267.

que viviam de um modo estreitamente vinculado à *polis* como uma maneira peculiar de organização cotidiana. Aristóteles deixou-se impressionar por esse vínculo de uma maneira até exagerada e definiu o próprio homem como "animal político", ou seja, o que é humano se constituiria por sangue e músculos da *polis*. Não só noções e costumes dos gregos eram costumes da *polis*, portanto, políticos, mas a própria relação com o que é o objeto da arte, a beleza, se fez assim. Para avaliar o belo, o grego utilizava daquilo que lhe era mais íntimo, o juízo político, ou seja, o seu juízo articulado ao que a cidade vive, faz e glorifica. A apreciação do belo, e também a determinação do que é e do que não é belo, eram práticas que se confundiam com a circunscrição do que poderia ser o grego, pois nada mais heleno que a *polis*. Sendo esta a razão fundamental da vida grega, então a política, a atividade de manutenção e glorificação da cidade, passou a dizer muita coisa, chegando a determinar até mesmo o que é o belo de um modo universal. O belo não teria outro nicho que aquele que por virtude própria poderia produzi-lo, ou seja, o mundo urbano.

O mundo urbano seria o abrigo da beleza, não o campo. Ora, na vida urbana, o centro é o homem. Não à toa, portanto, os gregos viram a beleza, primordial e essencialmente, no humano. Utilizavam com mais frequência que nós a palavra "belo" como intercambiável com as palavras "verdade" e "bem", formando aí uma tríade capaz de nominar a excelência nas práticas, corpos e realizações humanas.

Platão e Sócrates insistiram na ideia circular de que *Eros* se movimentava em função da beleza e que esta podia ser reconhecida ao se notar o movimento de *Eros*. Sendo *Eros* um buscador da beleza, e sendo o belo uma qualidade antes do humano que de qualquer outra coisa, ele se tornou um caçador de humanos, então, um demiurgo urbano. A cidade grega emergiu como uma cidade erótica, isto é, cheia de entusiasmo, de tesão. O Amor (*Eros*) inebriou todo o ambiente político e se concentrou nos lugares em que a beleza se fazia brotar: o ginásio de esportes, lugar dos belos jovens.

Nesse meio, não foi difícil para Platão acreditar que a filosofia, prática urbana que com Sócrates tornava-se prenhe de impulso erótico, tinha seu início no "amor aos rapazes". Na prática socrática esse amor transformava-se no "amor filosófico aos rapazes" para se encaminhar e se realizar no "amor ao saber", a própria filosofia.[2] É exatamente isso, esse tipo de amor, que se pôs na Grécia clássica como uma base para a pederastia como instituição educacional responsável pela integração do jovem na *polis*. Essa instituição teve seu apogeu na época de Péricles, e a filosofia, ali presente de modo claro, é o que é observado na segunda parte da frase de síntese da cultura grega, na qualificação da efeminação como algo bárbaro.

No contexto da instituição chamada pederastia, Sócrates, invertendo-a, filosofou. É o que aponta a segunda parte da frase, que diz "filosofamos sem o vício bárbaro da efeminação". Ora, para o leitor moderno, se a primeira parte da frase causa estranheza, uma vez que ele não vê nada de beleza na política e muito menos confere direito ao juízo político de circunscrever o juízo sobre o belo, a segunda frase é ainda mais atordoante. Por

_____

2. O *Fedro* e o *Banquete* são os livros platônicos em que esse pensamento se explicita de modo mais substancial.

que a filosofia poderia ser maculada pela efeminação? Em uma cidade em que são cultivadas relações eróticas de caráter homossexual como intrínsecas à institucionalização da educação como pederastia, por que aquilo que é efeminado era visto como um vício, algo oriundo da barbárie?

As repostas a tais questões podem começar pelo seguinte: a cultura grega clássica, em especial aquela vivida pelos atenienses mais fortemente dedicados a alguma aproximação com a filosofia e as artes de elite, era uma cultura homoerótica — sem sombra de dúvidas. Era uma cultura em que as relações homossexuais não poderiam ser condenadas se exercidas como autêntico e sincero namoro, seguindo a praxe em que o homem mais velho é o amante enquanto o jovenzinho é o amado. Mas uma cultura assim jamais foi outra coisa que não uma cultura masculina. Que em nossos dias a homossexualidade tenha recebido uma carga imagética muito forte vinda das relações sexuais entre homem e mulher, é alguma coisa bem distante do mundo clássico grego. Neste, a efeminação não tinha a ver com o amor, menos ainda com relações eróticas, e bem menos ainda com relações eróticas que deveriam ir pelo caminho da sublimação, para atingir a filosofia. Assim, práticas como as de hoje, em que o casamento, algo até pouco tempo relacionado somente ao vínculo entre homem e mulher, pode servir de modelo para o relacionamento entre pessoas do mesmo sexo, jamais seriam entendidas pelo grego clássico no seu homoerotismo. Como? Por quê?

O efeminado, ou seja, o tornado uma imitação da mulher, abrigaria em suas características tudo que a cultura grega nunca quis enaltecer: o mundo animal, a parte da natureza que, mesmo no interior da cultura, ainda assim se mantém selvagem. No interior da "cultura de formação" grega, a *paideia*, o sexo para a procriação nunca foi outra coisa senão o nosso laço com a não liberdade, com o mundo fora da *polis*, preso às necessidades. Fazer sexo assim, para procriar, lembrava a finalidade da vida dos animais. O humano teria se definido como autenticamente humano ao escapar disso, responsabilizando-se por aquilo que a natureza não se responsabiliza, os artefatos da cultura, as obras de pensamento.

Entre os gregos, o amor sempre recebeu um tratamento especial, pois introduzia a liberdade em sua possibilidade tipicamente helênica, ou seja, algo inerente à vida na *polis*, a vida política ou, em nossos termos atuais, a vida social. Não à toa Eros se fez deus originário e, ao mesmo tempo, um demiurgo capaz de se apresentar em diversos lugares e momentos da cidade. Nossa sociedade moderna caminha antes pela sexualização que pelo autêntico erotismo, enquanto a sociedade grega, ao menos no ideal projetado por filósofos, nunca foi outra coisa que uma sociedade extremamente erotizada. Namorar homens era a característica da vida não bárbara, civilizada, própria da cidade livre, enquanto ficar com mulheres era exercitar a capacidade animal de ter filhos, de retornar à natureza naquilo em que esta é cega. O amor entre homens, então, teria de ser efetivamente entre homens; quanto mais masculino, melhor. A efeminação, a volta ao mundo da natureza selvagem onde fica o que é propriedade do homem, ou seja, a vaca, o escravo e a mulher, nunca denotou outra coisa que a corrupção do jovem ateniense, não sua integração perfeita na *paideia*. A *paideia* se punha como o sinônimo de heleno; a natureza animal, o sinônimo de bárbaro. A efeminação, então, era o elemento do mundo dos bárbaros, a masculinização o elemento da filosofia, da invenção cultural grega *par excellence,* o suprassumo da *paideia.* Péricles foi amigo profundo dos filósofos de seu tempo. Ele sabia do que estava falando.

Outro traço negativo do mundo feminino, e que, por sinal, chamou a atenção de Hannah Arendt, era a superafetação. Algo bem notável no efeminado. Uma sensibilidade feminina seria uma sensibilidade não ponderada, incapaz de apreciação serena, estando então em oposição ao que deveria ser adquirido pelos garotos gregos, uma das principais virtudes gregas, a *sofrosine,* que traduzimos grosseiramente por temperança e prudência. Esse elemento, na avaliação de Arendt, apresentar-se-ia com peso na segunda parte da frase de Péricles. A filosofia estaria associada a graus de conquista da *sofrosine,* enquanto a efeminação estaria associada ao histrionismo da reação exagerada e, portanto, da falha na mensuração do mundo das coisas e dos homens. Um desconhecimento da *sofrosine* não poderia receber outra denominação que não a de "bárbaro".[3]

Nada foi mais masculino que o homoerotismo grego e um de seus principais produtos, a filosofia. A filosofia deveria ser e assim foi "coisa de homens".

Outro traço do masculinismo de Sócrates se manifestou na sua intelectualidade exagerada, digamos. Nietzsche foi talvez quem melhor observou tal característica, ainda que não a tenha articulado com a virilidade.

---

3. Arendt, H. Ibidem, p. 167-69.

Nietzsche abordou Sócrates como que o chamando para algo que, logo depois, poderia muito bem ser visto como uma espécie de clínica psicanalítica. Atuou como analista de Sócrates, mas, para evitar cair sob o famoso poder de sedução do ateniense, utilizou da arma do desencantamento. Lidar com Sócrates sem torná-lo explicável, mapeado, *um filósofo a mais*, poderia ser altamente perigoso. Qualquer um poderia perder a identidade nisso! O charme de Sócrates não precisaria ser anulado. Isso o descaracterizaria e o tornaria inútil. Mas necessitaria sim ser minado, e a racionalização foi a melhor forma de conseguir tal façanha. Nietzsche viu que o melhor seria abordar Sócrates de um modo positivo, *positivista*. Enquanto restasse nele qualquer capacidade de manter uma aura, ele seria ainda perigoso. Os jovens de Atenas experimentaram isso. Nietzsche sabia bem.

Usando de modo não rigoroso o jargão da psicanálise, podemos então falar de inconsciente. Trata-se de um jargão que aparece na história do Ocidente logo após o tempo de Nietzsche. A terminologia psicanalítica relativamente popular pode ser aqui uma boa terminologia. Vou utilizá-la.

No mapeamento de Sócrates, o procedimento nietzschiano foi o de assumir a "voz do deus", que Sócrates dizia estar com ele desde a infância, de um modo recortado, estrito. No caso, a "voz do deus" não é agrupada ao que Sócrates também conta, no dia do seu julgamento, a respeito de que tinha contato com as divindades por meio de sonhos.[4] A omissão do tema do sonho

---

4. Plato, D. S. The apology of Socrates. In: *Five Dialogues*. Indianapolis: Hacket Publishing Company, 2002.

é proposital, pois Nietzsche, como o médico Freud, buscou naturalizar as coisas. Tomou a "voz" como um possível distúrbio físico — assim ela foi vista às vezes pelo filósofo alemão.[5] Ou "a voz" simplesmente poderia ser um sinal do inconsciente, então, algo oriundo do Superego, na terminologia pós-nietzschiana.

Quando conta sobre o papel da "voz", Sócrates (no texto de Platão, não de Xenofonte) diz que ela só age para negar. Ela vem para dissuadir. Aparece para dizer "não", diante da disposição de Sócrates de fazer alguma coisa. Ora, o que é a voz que dissuade e que martela a mente senão um tipo de combate crítico contra a positividade, algo como o Superego? Esse papel negativo, Nietzsche notou-o muito bem e associou-o à produção de uma monstruosidade, a figura de Sócrates como um exagero de quem tem as energias naturalmente canalizadas para a reflexão, não para a *vida*. Em todos "os homens produtivos", disse Nietzsche, o impulso positivo é o dos instintos, e isso conduz a vida como um fluxo de atitudes, uma carreira de afazeres, feitos e façanhas, ou seja, tudo o que coloca as pessoas no campo do viver cotidiano. É o jorro do querer fazer, do atuar, do trabalho de todos quando estão à luz do dia. Enquanto a força de censura, que dissuade, nas pessoas produtivas, é exatamente a reflexão, o que vem acompanhado pela expressão "ah, vou parar para pensar" — eis aí, sempre de maneira esporádica e não como regra, a capacidade racional se manifestando. Nas "pessoas produtivas" seria a razão o elemento responsável pelo papel de uma espécie de Superego, ou seja, de crítica. Na conta de Nietzsche, Sócrates

---

5. Nietzsche, F. O problema de Sócrates. *O crepúsculo dos ídolos*. São Paulo: Companhia das Letras, 2006.

representou a inversão dessa sanidade. Ele foi o homem que teve uma vida inteira movida pela lógica. Nele, o contingente não era o "parar para pensar". O pensar crítico e o impulso da reflexão lhe eram estruturais. Nele, a tarefa cotidiana sempre teria sido a do inquérito que visava a refutação, ou seja, a tarefa *da filoso-fia*, do que vem para censurar e dissuadir. Em Sócrates o que surgiria para "fazer parar" não era a reflexão! O que o fazia parar era uma voz nada racional, uma voz tão fora de propósito racional que ele, para conviver com isso, a tomava como "a voz do deus".

No vocabulário estritamente nietzschiano, o que é dito é que "a sabedoria instintiva mostra-se, nessa natureza tão inteiramen-te anormal" — a de Sócrates —, "apenas para contrapor-se, aqui e ali, ao conhecer consciente, *obstando-o*". "Enquanto em todas as pessoas produtivas, o instinto é justamente a força afirmativo-criativa, e a consciência se conduz de maneira crítica e dissuasi-va, em Sócrates é o instinto que se converte em crítico, a cons-ciência em criador — uma verdadeira monstruosidade *per defectum*!"[6]

O filósofo alemão escreveu que o correto é considerar Só-crates como "o específico *não místico*, no qual, por superafetação, a natureza lógica se desenvolvesse tão excessiva quanto no mís-tico a sabedoria instintiva".[7]

O Superego de Sócrates ou a força que contrariava Sócrates em momentos decisivos, como Nietzsche a aborda, é o que é assumido pelo filósofo alemão como o contrário de toda motiva-

---

6. Nietzsche, F. *Nascimento da tragédia*. São Paulo: Companhia das Letras, 1992. v. 13, p. 86.

7. Ibidem, p. 86.

ção de dissuasão que pode aparecer nas pessoas comuns "produtivas" (produtivas = não filósofos). A pergunta, então, é esta: não foi Nietzsche, como decadente, também esse homem que jamais parou de investigar? Não foi ele, como Sócrates, preso a uma vida que o obrigava, tão logo acordava e sentia forças para escrever, o homem sempre pronto para *só* filosofar?

Nietzsche escreveu toda a sua obra em vinte anos! É pouco tempo. É um tempo mínimo se imaginamos suas fases de dor, devido à doença crônica. Então, teve ele algum momento que não é o de uso da razão? Não viveu Nietzsche igual ao que encontrou e denunciou em Sócrates? Não é por isso mesmo que ele sempre temeu que Sócrates o devorasse? Ora, e não foi um narcisismo gigantesco de sua parte, essa sua visível admiração por Sócrates, apesar de toda sua *aparente* crítica?

Penso que posso escrever assim, trocando "Sócrates" por "Nietzsche": Nietzsche é o palhaço que se fez levar a sério.[8] Ninguém que se apresenta assim, de modo invertido, poderia não ser outra coisa que não um ser cômico. Quem não sabe disso? No entanto, levamos a sério Nietzsche, justo ele que não se cansou de avisar que teríamos de rir dele.

Penso que teríamos de rir de ambos. Em suas monstruosidades de homens teóricos, ainda que um pouco diferentes, eles se fizeram masculinos, masculinizados, masculinistas. Eles fizeram do que é o impulsivo a atividade racional, o tradicionalmente não impulsivo. Eles fizeram aquilo que seria o feminino, ou seja, o impulsivo, exatamente a atividade que tradicionalmente acreditamos que é uma marca masculina.

---

8. Nietzsche, F. *Crepúsculo dos ídolos*. Op. cit., p. 20.

Posso ceder aqui e ali nessa tese, quanto à caracterização da figura de Nietzsche. Todavia, quanto ao que ele diz de Sócrates, penso que é possível vê-lo como correto. Sócrates foi um monumento de masculinidade e, por isso mesmo, era tão sedutor aos jovens. Em uma cultura masculinizada, e por isso homoerotizada, não seria o mais másculo o mais belo, ainda que fisicamente o mais feio? Sócrates foi esse homem.

6

Homoerotismo, pederastia e filosofia

Uma questão das mais complexas em filosofia, e em especial quanto ao trabalho socrático, é a vinculação desta com que lhe foi essencial, o homo-erotismo. A confusão com o homossexualismo moderno e, principalmente, com os preconceitos de todo tipo em relação ao homossexualismo e em especial quanto ao relacionamento entre homens mais velhos e jovens deixou inúmeros pesquisadores e estudantes fora da possibilidade de compreender Sócrates e Platão. Muitos cursos universitários de filosofia nunca foram levados a contento por causa da visão distorcida moderna, posta como um monóculo esdrúxulo sobre o mundo antigo clássico.

Compreender a atividade de Sócrates como filósofo e educador só é possível quando entendemos o homoerotismo grego. O homem que disse ter aprendido a filosofar com as mulheres fez filosofia para homens.

Nesse caso, é interessante começar pelos documentos básicos do mundo grego que são também parte dos documentos essenciais de nosso mundo ocidental.

A *Ilíada* e a *Odisseia* são grandes poemas que dão aos gregos uma história originária. Os dez anos da Guerra de Troia (*Ilíada*) e os vinte anos da volta de Ulisses a Itaca (*Odisseia*) são histórias que podem muito bem não ter nenhuma ligação com qualquer acontecimento factual. Isso não importa. O que vale é que para os gregos esse era o seu passado e o modo como eles, ouvindo o rapsodo que visitava cidades para cantar tais poemas, se entendiam como "helenos". Eles se viam como os herdeiros de um povo que, por honra, uniu-se para buscar sua princesa, Helena, tida como raptada pelos troianos. Assim, essas duas narrativas diziam aos gregos qual era o seu *ethos*, ou seja, os seus costumes e hábitos, em suma: o que era ser heleno ou grego. Nesse contexto, ensinava o que seria a atitude helênica para com o mundo, a saber: dar importância e sentido a um valor típico do mundo antigo civilizado, a honra.

No grande poema *Ilíada* há vários episódios de honra, mas o principal deles é a morte de Pátroclo e a reação de Aquiles.

Pátroclo era amante da máquina de guerra chamada Aquiles. É morto em combate por Heitor, herói troiano. Aquiles, que havia saído da Guerra por decepção diante dos objetivos de Agamenon (o rei ambicioso que utilizou do rapto de Helena para unir os gregos contra Troia, mas visando objetivos pessoais de comando de um Império), tendo sabido da morte de Pátroclo, volta à batalha para pôr fim à vida de Heitor. Aquiles não volta *só* por vingança pessoal, por conta da dor da perda de Pátroclo. Ele havia sido avisado pela sua mãe que, voltando, morreria na guerra. Todavia, ele prefere antes a glória, com a morte jovem, que o não cumprimento do destino da honra (*timé*) e uma vida até a velhice. Assim, ele retorna para uma tarefa de honra:

vencer e eliminar Heitor. Não por Heitor ser um facínora, um lutador covarde. Se fosse assim, ele não voltaria. Volta por Heitor merecer morrer em batalha, pois ousou quebrar a ordem natural das coisas.

Os gregos não distinguiam o mal humano do mal natural. O mal era o erro, o ruim tecnicamente falando, sem conotação moral. Era a ausência do bem. O mal era a tentativa de se instaurar o *kaos* no que é o mundo grego, o mundo familiar, *oikos*, familiaridade dada pela regularidade. Esse mundo, sendo o contrário do *kaos*, seria então o *kosmos*, o mundo harmônico. Conhecemos bem essa ideia de harmonia modernamente, uma vez que usamos uma palavra derivada de "cosmos": trata-se da palavra "cosmético", que denomina aquilo que pode harmonizar um rosto disforme e torná-lo belo. Ora, o *cosmos* é belo exatamente porque premia a harmonia. Assim, na *Ilíada*, honrar Pátroclo implica punir Heitor por ele ter posto uma ação em favor do *kaos* no meio do *kosmos*. Ele havia quebrado uma ordem natural ao separar Aquiles de Pátroclo. Essa ordem natural seria efetivamente natural à medida que cumpridora do destino posto pelos deuses, em especial *Eros*.

Aquiles era o amado de Pátroclo, e em relação à manifestação de amor erótico deste, respondia com a amizade. Não foi uma decisão de ambos se amarem, como nunca poderia ser para um grego, em especial um grego da época homérica. Foi uma relação de união natural e, portanto, verdadeira. A união é, por definição, um ato de amor, o ato erótico. É *Eros* que a comanda no mundo. Heitor fez um ato contra a natureza, o destino, ao se insurgir contra uma união erótica, uma união criada por *Eros*. Assim, Heitor foi quase sacrílego ao querer se pôr à altura de um deus, desafiando-o ao separar Pátroclo de Aquiles. Este, então, volta a reverenciar os deuses ao cumprir um ato de honra, um ato que o afirma como helênico, que é o de respeito ao destino, isto é, respeito à vontade de um deus.

Heitor era um grande e nobre guerreiro, mas não poderia, por ele próprio, querer se pôr como um deus. Invocou o *kaos* fazendo isso. Pôs exceção na regra da natureza. Ora, nada senão os próprios homens, devedores dos deuses por viverem no cosmos e pelo cosmos, que teriam de tentar repor a ordem e a harmonia. Isso compunha a substância da honra. Ir buscar Heitor não era um ato de vingança mesquinha, apaixonada, de quem não poderia viver sem Pátroclo. Era um ato consciente de devoção ao mundo helênico, para que tudo continuasse sempre como sempre esteve. Que a familiaridade do *oikos* dado pela ordem bela do *cosmos* não viesse a se perder. Aquiles foi ao encontro de Heitor, lutou com ele, matou-o e levou o corpo para o rei de Troia, mostrando então respeito ao herói e mostrando que não matou por vingança, mas por honra. O rei, mesmo com dor, compreendeu perfeitamente a ação de Aquiles como em conformidade com o que deveria ser.

Essa relação entre dois homens, Aquiles e Pátroclo, sendo a de um amor verdadeiro, nada mostrava aos gregos posteriores senão o homem homérico dizendo que no *ethos* helênico ela não só cabe como é, própria e acertadamente, alguma coisa dos deuses, e assim deveria ser respeitada — honrada. Por ser uma relação divina, de *Eros*, ela potencializa as ações de quem fica sob seu jugo. Esta era a regra: entre amantes, o que fazem de vergonhoso se torna muito vergonhoso, o que fazem de grandioso se torna muito grandioso. De fato, sabemos que amor faz isso com os que com ele se envolvem. Este é seu papel. Relações de amor tornam as pessoas melhores ou então piores e, se é assim, perdem seus parceiros. Mas só *Eros* era o dono dessa lei. Os mortais não dizem nada, eles só devem acompanhar os desejos do deus.

Também nós guardamos essa noção de amor. Esperamos que tudo se justifique quando dizemos "mas eu amo, estou apaixonado". A filha diz isso ao pai esperando sua benção para o namoro ou casamento. O cônjuge diz ao parceiro, a respeito de outro, quando se está para colocar as cartas do divórcio na mesa. O amor pode tudo — dizemos. A ideia de Eros, e principalmente do romano Cupido, vir e nos pegar de espreita, nos tornando não senhores de nós mesmos, é a justificativa nossa, moderna, para clamar pelo amor como força que requisita, até exige, ser compreendida.

Heitor matou Pátroclo sem saber que era Pátroclo; talvez tenha pensado ser Aquiles. Mas daí para diante, não restava outra coisa que Aquiles pudesse fazer senão voltar à guerra e buscar Heitor. Ele havia quebrado o que é natural e divino, uma união de amor. Essa união nobre ensinou os gregos a, mais tarde, ter na pederastia uma instituição de alta educação. O *erastes*, o homem mais velho, podia procurar seduzir o jovem imberbe, o *erômeno*, e este, contidamente, deveria responder, quando assim desejasse, com amizade. Que o amor exercesse sua força, mas que o homem soubesse ser corretamente levado pelos destinos eróticos.

A pederastia era *de fato* uma instituição educacional. Nos primeiros olhares do mais velho em direção ao mais novo, iniciava-se uma educação para algo muito valoroso para um povo com entusiasmo fácil: a contenção, a temperança, isto é, *sofrosine*. Um povo cheio de idiossincrasias, com deuses quase, aos nossos olhos, birrentos e infantis, descobriu logo que se havia algo no qual teria de se empenhar era na tarefa de autocontrole. O pré-adolescente ou adolescente visado pelo flerte do mais velho poderia se entusiasmar e ceder, mas aprendia a se conter desde cedo, vigiado pelo escravo, o *pedagogo*. Saber se o *erastes* era boa pessoa, alguém que não queria efeminá-lo ou prostituí-lo, mas amá-lo verdadeiramente, era essencial para o jovem poder, então, dizer que responderia à corte do mais velho com uma amizade sincera. Aprendendo a prudência nos primeiros amores, aprenderia a prudência na vida — eis aí a lição básica da pederastia tradicional.

Essa amizade, evoluindo, poderia incluir carícias e, enfim, uma boa vontade sexual do mais novo para com o mais velho. Aliás, diga-se de passagem, a filosofia sempre quis que a pederastia nunca passasse de uma relação respeitosa, que jamais deixasse o exclusivamente corpóreo ultrapassar o que é espiritual, a alma, isto é, a *psique*. Uma relação pederástica tinha de mirar-se na situação de Aquiles e Pátroclo: amigos, quase irmãos, amantes em um sentido elevado, de quem aprecia a companhia do outro, de quem sabe que o outro lhe faz melhor. O jovem grego era incentivado a estar em relação com quem lhe faz melhor. Não é, afinal, um bom sinal, andar em boa companhia?

Na história de Aquiles e Pátroclo, a relação de amor entre homens se põe em torno da honra. Na história de Zeus e Ganimedes, a história do amor entre homens se põe em torno da sedução e da premiação do mais velho em relação ao mais novo e vice-versa. Na primeira história, a pederastia aparece exemplificada pelos heróis; na segunda, na ação de um deus, não à toa o principal deles.

A lenda de Zeus e Ganimedes também está na *Ilíada*, mas, diferente do episódio de Pátroclo e Aquiles, ela se desgarrou do poema homérico ganhando outras versões, ou talvez as outras versões tenham vindo de fontes mais antigas. A versão que ofereço abaixo é mais ou menos uma síntese das versões populares.

Tudo começou em um passado distante, na cidade de Troia, ou melhor, nos arredores da cidade. O governante dos troianos tinha três filhos, sendo que um deles era divinamente belo. O garoto possuía sem dúvida uma beleza indescritível. Seu corpo era de uma perfeição capaz de fazer o próprio Apolo notar. Seu cheiro encobria o perfume dos mais exuberantes jardins. Sua pele alva ganhava uma tonalidade forte ao sol e reluzia mais que a própria lua quando esta dava o seu melhor. Com esses dotes, o menino chamou a atenção do Monte Olimpo, sendo percebido pelo deus dos deuses, Zeus. Isso mudou o destino do garoto.

Costumeiramente, Zeus descia do Olimpo para aventuras amorosas nos campos e cidades. Era habilidoso na tarefa de enganar sua esposa-irmã Hera, e não raro conseguia tempo para ficar com as mais lindas mortais. Nem sempre as abordava diretamente, muitas vezes tomava a forma de um pássaro, cuja imponência cativava as moças. Mais uma vez Zeus iria descer do Monte Olimpo para uma caçada amorosa, mas, pela primeira vez, o alvo não era uma moça e, sim, um rapaz, ou melhor, praticamente um menininho. O deus dos deuses calculou que uma águia gigante, negra e amorosa seria sua forma ideal para não assustar o garoto, mas, ao contrário, despertar-lhe a curiosidade. Assim arquitetou e assim fez. Abduziu o menino facilmente, quando este estava no Monte Ida, e seguiu rumo ao Olimpo. Mas as coisas saíram um pouco diferentes dessa vez. Os dotes do rapaz eram de tal ordem que Zeus não pôde esperar chegar ao

Olimpo, possuindo o garoto no voo mesmo, obtendo um prazer jamais sentido por qualquer outro habitante do universo.

Quando chegou ao Olimpo, Zeus estava em dívida para com *Eros*. Preenchido de amor, Zeus transformou o garoto em copeiro especial, responsável por servir o néctar aos deuses, especialmente a ele próprio. Conservou sua beleza ao não deixar sua juventude ir embora, e para tal o tornou imortal. Para compensar o pai do garoto, o rei troiano, Zeus o presenteou com cavalos divinos, avisando-o que o filho não mais voltaria. Tudo estava indo muito bem no Olimpo quando, como era esperado, veio o ciúme de Hera e, enfim, de sua filha Hebe, que era a que até então servia os deuses como copeira. Para proteger o novo copeiro de possíveis maldades da esposa e da filha, Zeus abençoou o menino, Ganimedes, e o colocou no firmamento, na Constelação de Aquário.

Do modo que esse mito aparece em Homero, na *Ilíada*, a alusão ao sexo não está presente. Na *Ilíada*, aliás, nem é mesmo Zeus que o rapta, mas outros deuses que, então, o levam ao deus dos deuses. Todavia, no *Hino à Afrodite*, mais tardio e falsamente atribuído a Homero, o mito de Zeus e Ganimedes já aparece da maneira mais popular, francamente erotizada. Os poetas dos séculos VI e V cantaram o mito de uma maneira que o interesse dos deuses por Ganimedes não podia não ser erótico, isto é, homoerótico — já do modo como ele se perpetuou na Grécia Clássica e na Roma pagã.[1]

Uma boa parte dos historiadores, ainda hoje, perde o foco no estudo das relações existentes nos mitos como o de Ganimedes.

---

1. Um estudo detalhista da lenda pode ser encontrado em: Davidson, J. *The greeks and greek love*. New York: Random House, 2017.

Eles comentam o mito como quem necessita de uma justificativa para o aval grego ao homoerotismo, e mais ainda a pederastia.

Digo que perdem o foco porque, em vez de tomar o homoerotismo descritivamente, querem explicar o seu surgimento como quem precisa de alguma maneira justificar o que seria uma anomalia. Esse desejo de explicação com frequência só aparece porque tomam de modo acrítico — conscientemente ou não — um pressuposto pouco útil: o homoerotismo seria produto de alguma situação senão errada, ao menos irregular, anômala. Eis então que eles criam sugestões para explicar como o homem ou, melhor, o grego, se envolveu em uma tal situação. A mais comum entre as sugestões é apontar para o homoerotismo como um subproduto do confinamento da mulher ou de seu desprestígio como cidadã.

Esses historiadores acertam o alvo, mas não por habilidade dos pressupostos motivacionais — a busca de explicação de uma anomalia — e sim por causa de um dado que desconsideram: a mulher não foi posta em segundo plano à toa, mas exatamente porque ela se mostrava dissidentemente voltada às atividades que são tipicamente da natureza, do mundo da necessidade, e não as do mundo do ócio e da liberdade, que podem emergir no âmbito de uma cultura essencialmente política, isto é, urbana. A mulher era vista como pertencente à gravidez e à procriação, como os animais, e, na divisão da alma platônica, ao cultivo da alma irracional, da parte dos apetites, distinta da alma que, sendo do indivíduo, é o elemento geral que se desprende deste e garante o voo do mortal ao campo dos deuses, a alma intelectual. O homoerotismo, portanto, não era uma anomalia, era o curso que o homem deveria seguir uma vez tendo optado por se fazer civilizado. Não à toa, como aparece claro na segunda parte da frase de Péricles, "filosofamos sem o vício bárbaro da efeminação", a excelência no pensamento produzida pela civilização, que é a filosofia, é atentamente vista como algo distante da efeminação.

Os que tomam o homoerotismo como anomalia, ou mesmo como um desvio pequeno (mas desvio!) chegam a falar em "efeito de época", por exemplo, a vitória do patriarcado sobre o matriarcado e coisas do tipo. Essa postura atinge até mesmo *scholars* que se policiam contra o preconceito em relação à homossexualidade. Eles não são capazes de olhar para o homoerotismo como algo tipicamente grego, mas que, com variações, existiu em todas as sociedades e em todos os tempos. É como se não entendessem que, *mutatis mutandis*, trata-se de uma prática também de nossa sociedade. Afinal, as pessoas gostam umas das outras não necessariamente por conta de divisões de gênero. Não entendendo isso, o homoerotismo é revestido de adornos especiais para o caso grego. Os historiadores atuais, não raro, ao verem que o homoerotismo aparece de modo positivo nos textos diversos da época, em especial nos textos dos filósofos (Platão à frente), deixam de lado os frutos que tais narrativas poderiam lhes fornecer e se descabelam em explicações em que tentam mostrar como aquela sociedade teria entrado por um tal caminho, o do amor entre homens.

Exatamente pela não naturalidade com que enxergam o amor entre pessoas do mesmo gênero, os historiadores têm dificuldade de perceber aquilo que interessa a nós, filósofos, ou seja, o nascimento da filosofia não como algo contingentemente ligado ao homoerotismo, mas como o que só nasceu como nasceu porque veio das mãos de Platão como uma criação profundamente homoerótica.

A filosofia platônica e, portanto, de certo modo, a filosofia *tout court*, pode muito bem ser vista como o trajeto de Sócrates na sua missão homoerótica. No limite, Sócrates jamais fez outra coisa senão tentar de toda maneira encontrar o ponto ótimo da pederastia, e a essa busca e também sua prática, ao menos como ele a desejava, chamou de filosofia. A pergunta de Sócrates e, é claro, de Platão, nunca foi outra que a seguinte: o que é ser, da melhor maneira possível, o Ganimedes de uma divindade, para conseguir a imortalidade dos deuses?

A referência a Ganimedes no *Fedro* de Platão é significativa. Vale a pena destacar o trecho:

> Após o amante ter gasto algum tempo fazendo isso [conhecimento mútuo, inserção de um no ciclo familiar e de amizades do outro] e estando próximo ao garoto (e mesmo tocando por ocasião dos esportes e outras ocasiões), então a fonte do rio que Zeus nomeou "Desejo", quando se apaixonou por Ganimedes, começa a fluir poderosamente no amante e é parcialmente absorvida por ele, e, quando este é preenchido, essa fonte transborda para fora dele. [tradução do autor][2]

O relato aí é uma mistura entre a descrição literal da existência do contato físico e as metáforas do fluxo do rio, de cunho nitidamente sexual. Esse trecho do *Fedro* está em meio a uma das mais belas e importantes passagens da obra e, talvez, de todos os escritos de Platão. Retomo o *Fedro* e, particularmente, essa passagem, de modo que fique clara a razão da alusão de Sócrates a Ganimedes.

---

2. Plato. Phaedrus. In: Cooper, J. M. e Hutchinson, D. S. Plato. *Complete works*. Cambridge: Hackett Publishing Company, 1997, § 255c.

O *Fedro* contém nitidamente três partes. Interessam-me aqui as duas primeiras. Na primeira há o discurso de Lísias lido por Fedro e ouvido por Sócrates. Ainda nessa parte há o discurso de Sócrates no mesmo sentido daquele que ele ouviu. Na segunda parte há o discurso de retratação de Sócrates perante *Eros*, que nega o primeiro discurso. É o que segue.

A primeira parte se inicia com Sócrates e Fedro caminhando pelos arredores de Atenas, buscando um lugar para se acomodarem de modo que o filósofo possa ouvir a leitura do jovem de um discurso de Lísias sobre as relações corretas entre o amante e o amado. Sócrates é conhecido por sair pouco de Atenas. Não desmentindo tal crença, deixa Fedro servir de guia a fim de encontrarem um bom lugar para a leitura. No decorrer do caminho logo se percebe que Sócrates conhece bem o campo, pois aponta para Fedro lugares de devoção às divindades que este ouvira falar, mas não sabia exatamente em que ponto do curso do rio que tinham seu templo. Mostrando o lugar exato, Sócrates provoca a curiosidade do rapaz, que pergunta a este se ele realmente acredita nas histórias tradicionais sobre os deuses, a mitologia toda. Tudo indica que o rapaz, ao fazer a pergunta enquanto se imagina guia de Sócrates, mordeu a isca. Sócrates se serve da pergunta para falar sobre o quanto ele não tinha tempo para saber dos mitos, uma vez que ele ainda não conhecia o que deveria conhecer, ou seja, ele mesmo.

Dizendo isso, de certo modo responde à questão de Fedro, expõe o que acredita e o que não acredita. Assim faz à medida que qualifica como importante no concernente aos deuses aquilo que está inscrito no Templo de Apolo, o "conhece-te a ti mesmo". Sócrates deixa claro seu propósito filosófico: saber se ele próprio é um monstro ou se é uma criatura dócil, dotada de uma parte divina. Logo que termina de afirmar isso, chegam a um lugar que parece ser o melhor para a leitura.

Fedro começa a leitura do discurso de Lísias, cuja preocupação central é nada mais nada menos que o núcleo da atividade pederástica: se é caso de o jovem amado vir a escolher o amante pelo qual está apaixonado, ou se deve ceder ao pretendente pelo qual tem afeição, mas não amor ou paixão. O discurso de Lísias diz que ambos os participantes da pederastia devem ficar juntos se não se amam apaixonadamente, e segue então levantando com certa riqueza de detalhes as consequências nefastas do envolvimento apaixonado. Terminado o discurso francamente asséptico e calculista lido por Fedro, Sócrates diz que pode fazer um discurso melhor que o de Lísias. Fedro se encanta com isso e força Sócrates a assim proceder. Por um momento, Sócrates parece se arrepender de ter dito o que disse, e quer recuar, mas em função da insistência do jovem termina por fazer o seu discurso, ainda que, precavidamente, de cabeça coberta. Seu discurso não difere em resultado daquele proferido por Lísias: entre o envolvimento apaixonado e o envolvimento sem amor, isto é, o envolvimento sem que se esteja eroticamente ligado, a segunda opção é a assumida como correta.

Mas, nem bem Sócrates parece de fato ter terminado seu discurso, ele encerra a fala e diz que deverá ir embora. No entanto, seu *daimon* o proíbe. Ele não atravessa o rio e volta para fazer um discurso de retratação à divindade — *Eros*. Inicia-se aí a segunda parte do *Fedro*.

Sócrates sente que negou Eros, e que pode tê-lo ofendido. Descobre a cabeça e retoma então um discurso de retratação.

Disserta sobre a loucura, sobre os tipos de loucura, e então chega à loucura de se estar apaixonado. Nesse ponto inicia propriamente sua retratação, não só diferente do seu discurso em paralelo com o de Lísias, mas em diferença significativa, ainda que não com ruptura com o que aparece sobre o erotismo na *República* e no *Banquete*. Nestes, o erotismo ganha uma carga nada pequena de sublimação quanto aos aspectos sensuais, mais decididamente corporais. No segundo discurso do *Fedro*, Sócrates afirma peremptoriamente que não se deve ceder a quem vem com ameaças quando optamos por ficar antes com o louco apaixonado que com aquele que está imperturbável. Caso o admoestador apareça, ele que prove que o amor sensual não é enviado pelos deuses para o benefício do amante e seu garoto. Se o admoestador tentar ensaiar a prova, Sócrates reitera, cabe então, da outra parte, provar que "esse tipo de loucura nos é dado pelos deuses para nos assegurar nossa maior fortuna". Essa demonstração, diz ele, "será uma prova que convencerá o sábio senão o inteligente". Dito isso, Sócrates anuncia a "prova", que ele afirma ter de começar por uma investigação sobre a alma divina e humana — um procedimento não incomum, ao menos quanto à alma humana, em várias obras de Platão.

Sócrates convida Fedro a acompanhá-lo no diálogo investigativo a respeito da "natureza da alma humana e divina", de modo a se entender como ela atua e como é submetida à ação. Após falar sobre a imortalidade da alma, a partir da noção de que se trata de um "automotor" por definição, Sócrates diz que uma exposição do que seria a alma só poderia ser feita por um deus, dado a complexidade do tema. Como de praxe, Platão apela então para uma alegoria, pondo Sócrates a dizer explicitamente que assim agirá.

Segue daí uma das mais belas construções da obra platônica e, talvez, de toda a filosofia, que é a célebre imagem da alma como sendo a de uma biga com cocheiro e puxada por dois cavalos alados. Um dos cavalos é branco, de pescoço esbelto e com ímpeto disciplinado, o outro cavalo é negro, atarracado, cabeça achatada e não segue os impulsos da fome, sede etc., sendo de pouca ou nenhuma disciplina. Assim, a alma aqui repete os esquemas de Platão em outras obras. A alma é tripartite: o cocheiro é a parte racional, o cavalo branco desempenha a parte dos sentimentos que, enfim, podem e devem ser disciplinados para colaborar com a razão, e o cavalo negro é a parte dos desejos, dos apetites.

Assim, a alma percorre os céus assumindo várias formas, mas também pode perder as asas e ter de pousar em algo sólido e, então, tem de assumir um corpo terreno. Por que perde as asas? A função da alma é sempre elevar o que é animado para o campo divino, onde participa da natureza do que é divino que, enfim, encerra beleza, sabedoria, bondades e outras qualidades afins. Ora, são essas qualidades que nutrem a alma dando força às suas asas. A vileza e o vício encolhem as asas e as fazem desaparecer. Enquanto a alma está bem nutrida, ela pode ousar tentar acompanhar os deuses. Como eles se deslocam?

No céu há inúmeros caminhos e os deuses andam por lá, com seus afazeres, em geral em formação militar, sendo que na frente está Zeus e sua biga alada. Quando se dirigem para uma festa, ascendem verticalmente na direção da abóbada celeste e a atravessam, indo para fora desse campo e, então lá do alto, podem ver todas as coisas Como Elas São, na sua perfeição, como eles também são perfeitos. A alma não divina segue os deuses, mas seus cavalos não são como as parelhas da biga dos deuses. Essa alma é puxada por um cavalo branco e um cavalo negro, sendo que o primeiro obedece ao cocheiro que tenta de toda maneira acompanhar a velocidade intrépida das bigas dos deuses, enquanto o segundo, sem disciplina, atrapalha o bom desempenho da biga porque coloca suas energias em função de outra disposição. A luta da alma, nessas circunstâncias, é penosa. Quando os deuses atravessam a passagem estreita da abóbada celeste, nem todas as almas conseguem acompanhá-los.

Uma vez acima da abóbada celeste, os deuses contemplam o movimento circular onde tudo que é visto "jamais foi cantado por qualquer poeta". Ali estão diante do que tem essência intangível, do que não tem cor ou forma, algo que só o "piloto da alma", a inteligência ou o "intelecto divino" pode captar. Feito isso, os deuses alimentam os cavalos com ambrosia, dá-lhes néctar e, então, descem para o interior da abóbada celeste. Os deuses voltam satisfeitos ao terem se deparado com o autocontrole, a justiça e o conhecimento absolutos — o "conhecimento do que realmente é o que é". Como se comportam as outras almas, as não divinas, nesse processo todo?

Elas tentam acompanhar a fila dos deuses. Algumas não conseguem, trombam com outras e numa balbúrdia sem precedentes criam todo tipo de situação levando várias outras para baixo. Nem sempre seus cocheiros são competentes para criar harmonia entre um cavalo disciplinado e outro cavalo desvairado. Mas algumas conseguem atravessar e vão junto com os deuses. No entanto, diferente dos deuses, nestas o cocheiro precisa ficar atento aos cavalos, principalmente ao cavalo negro, e nem sempre pode contemplar com tranquilidade as realidades que passam diante dos deuses. O cocheiro ergue a cabeça por entre os ombros dos deuses e vê de relance as realidades.

Todas as almas que conseguiram estar junto aos deuses e vislumbram a realidade do que realmente é, podem aguardar tranquilas até o próximo banquete. Nada as incomodará. No próximo banquete, deverão estar novamente empenhadas e ainda mais disciplinadas para verem mais e melhor o que os deuses contemplaram. No entanto, podem decair se não estiverem no caminho do que nutre e fortalece suas asas, que é a recordação viva das realidades que viram. Agora, as almas que despencaram nada viram e, então, logo reencarnam em animais selvagens. As que não entraram no banquete, mas também não tiveram as asas quebradas, vão perdendo força aos poucos, e então reencarnam em segundo lugar, mas não em animais, e sim em homens. As reencarnações se dão segundo os ciclos de contemplação. Tendo a cada festa se fortalecido, podendo cada vez mais voltar tranquila para ver as realidades como os deuses, a alma do mortal demora mais para reencarnar e, se reencarna, o faz em uma condição especial, que é a de ser a alma de um filósofo. Quem é este? É o "amante da sabedoria" ou "amante da beleza" ou aquele "cultivado nas artes e com prontidão para o amor erótico".

Uma vez em um corpo, a alma irá, pela memória, acessar o mundo das realidades que só os deuses viram de modo nítido. Essa memória não é espontânea, ela é provocada. Ela não pode ser provocada pela visão direta da sabedoria, então, deve ser provocada pela visão do que lembra algumas das formas. A melhor para tal é a beleza. O que a provoca é justamente a visão da beleza. Trata-se da beleza do jovem. Vendo o jovem belo, que será o amado, o futuro amante lembra-se do belo em si, do belo real do mundo real que, de alguma maneira, contemplou quando junto dos deuses. Estremece diante do jovem e o trata como se fosse um deus. Este, sendo assim tratado, se em um primeiro momento não cede ao amor apaixonado, em um segundo momento pode ceder à medida que o relacionamento é comedido. Claro que será um relacionamento com carícias sexuais e ambos se deitarão juntos. Estarão em determinado momento loucos de paixão e viverão esse amor. No entanto, não de uma forma desrespeitosa, mas com um amor e uma amizade profundas.

Os amantes serão atraídos pela beleza e reconhecerão na beleza do jovem o belo divino, e quererão que o jovem seja efetivamente um deus? Qual deus? Aquele do qual o amante é devoto. Assim, quererá encontrar no amado o caráter do deus do qual é devoto, e efetivamente acabará encontrando, uma vez que seu desejo bom induzirá o garoto a agir como o deus. Eis então que a loucura do amor se ampliará ainda mais.

É nesse contexto que Platão, pela boca de Sócrates, novamente usa da alegoria dos cavalos, para descrever o namoro que ascende à loucura do amor sensual, e de como este se faz melhor e corretamente quando o namoro é o namoro filosófico, levado adiante pela conversação filosófica. Tudo isso faz as asas da alma crescerem e criar vigor.

Platão descreve o amor entre amante e amado segundo movimentos das duas bigas aladas, uma de cada um, movimentos estes que são os dos cocheiros tentando conciliar a voracidade dos cavalos negros pelo sexo e a prudência e contenção, o respeito e admiração, vindos das práticas dos cavalos brancos. A passagem é extremamente poética e a preferida de muitos escritores. No contexto dessa passagem é que Sócrates, então, faz alusão a Ganimedes e Zeus, significativamente, expondo o caráter desse amor sensual.

O que importa no amor, no decurso da retratação socrática, é o crescimento mútuo pela admiração mútua. A admiração mútua é gerada pelo erotismo que os envolve, pela loucura do amor que abraça o par apaixonado. Ambos os elementos do par crescem porque se colocam um como exemplo do outro, em emulação conjunta. Tornam-se melhores, fundamentalmente, porque a beleza do amado é de tal ordem que faz o amante, ao vê-la, recordar o tempo em que sua alma, antes do nascimento, esteve junto às formas imutáveis e perfeitas, no caso, junto à forma da beleza, o belo em si, a beleza divina. Ora, ao notar o divino no jovem amado, o amante o trata exatamente com amor em sentido plenamente erótico, ou seja, com respeito e admiração com que as coisas divinas são tratadas. Desse modo, seu amor é carícia, sensualidade, mas de uma maneira completamente altiva e que vem preenchida da admiração e do desejo de se fazer admirar. Agindo desse modo, potencializa as boas ações em si e no próprio jovem, que só busca melhorar diante de tal emulação e exemplo. O intelecto de ambos se abre para construções cada vez mais grandiosas enquanto se sentem impulsionados eroticamente um ao outro.

Desse modo, o processo erótico envolve uma sensualidade crescente, o que faz a diferença clara do *Fedro* para o *Banquete,* em que o processo de elevação da alma em direção ao conhecimento é sensualmente decrescente. Nessa situação, a do Fedro, Platão evoca a alma como o que precisa ganhar asas, uma vez que Eros, ele próprio, é chamado de "o alado". Toda a descrição da atividade amorosa se faz em torno do ganhar e perder asas, e de como o amante, o mais velho, venera com respeito e temor o jovem que é o amado, uma vez que esse jovem, muito belo, lembra a ele o próprio belo divino. Assim, o desejo pelo rapazinho é o desejo pelo que é semelhante ao divino, é o desejo forte, a paixão, a sensualidade, e ao mesmo tempo o cultivo da capacidade de ser contido e também de ensinar a contenção. Aí há o começo da sabedoria, que nada é senão a *sofrosine*.

É nesse contexto em que a cognição máxima é atingida pela vida erótica, e desta vez sem a assepsia do amor de *O banquete*, que emerge a comparação desse amor com o amor entre Zeus e Ganimedes. Ainda que nesse caso é o deus que se apaixona pelo mortal, logo depois também Ganimedes se torna imortal e objeto de contemplação de Zeus, como é o caso na pederastia.

Saber de si, como pede a inscrição do Templo de Apolo — o "conhece-te a ti mesmo" — era uma maneira de se compreender seu lugar na vida grega. Mas, para Sócrates, não era somente isso, era um recado especial dos deuses. Havia ali algo que não era tão diferente dos recados do Oráculo, e que, portanto, necessitava de ser interpretado. Saber de si, para Sócrates, nunca deixou de implicar na necessidade de entender a posição que se poderia assumir de modo a ser abduzido pelo divino e, então, adquirir, dentro do possível para um mortal, o saber dos deuses. A filosofia é um amor ao saber, segundo a sua etimologia. Ora, a etimologia de Ganimedes foi refeita por Sócrates nesse seu afã de moldar em bases virtuosas a pederastia.

O historiador moderno, diz Robert Graves,[3] mostra a etimologia por meio de *Medea ganuesthai*, de modo a obter Ganimedes

---

3. Graves, R. *O grande livro dos mitos gregos*. São Paulo: Ediouro, 2008.

como quem "desfruta a virilidade" ou "folga em virilidade". Trata-se de alguém que vive bem com a sua virilidade e a oferece aos que o rodeiam. Em *O banquete* de Xenofonte, Sócrates fala em *ganu* como o prazer ou desfrute, e *med* como mente, de modo a poder afirmar que Zeus foi atraído antes pelo espírito de Ganimedes que pelo seu corpo. Uma boa parte dos intérpretes faz a apologia do ascetismo socrático, que estaria presente em Platão e bem mais em Xenofonte. Alguns ligam isso ao *Fedro*, mas neste, na parte em que Ganimedes é citado, Sócrates está em seu segundo discurso, longe do ascetismo. Outros acreditam que a postura de Sócrates aí é a convencional, sua mesmo, a do filósofo ascético. Tenho alguma divergência dessas leituras. Minha própria interpretação não faz de Sócrates um asceta em sentido grosseiro.

Os gregos entendiam o belo não no sentido estético moderno, um tanto kantiano, em que a própria palavra "estética" é utilizada como elemento que neutraliza o interesse erótico. Com os gregos, ao contrário, a palavra "belo" era compreendida exatamente como o que criava o interesse erótico, ainda que "belo" não fosse adjetivo limitado aos aspectos estéticos.

Os belos jovens de Atenas fizeram os filósofos, como bem notou Nietzsche, enlouquecerem em "vertigem erótica",[4] e disso sem dúvida nasceu um discurso próprio, capaz de colocar regras para o convívio com tal loucura. *O banquete* de Platão foi uma das vias para tal. O *Fedro* criou a outra via, e que não necessariamente fornece uma completa ruptura com *O banquete*. Ao contrário, a ponderação entre o primeiro discurso socrático e o segundo, no *Fedro*, seguido de uma discussão sobre retórica,

---

4. Nietzsche, F. *Crepúsculo dos ídolos*. São Paulo: Companhia das Letras, 2006. p. 76.

tomados no conjunto, são responsáveis pela visão mais elaborada que Platão poderia fornecer para a construção de seu personagem Sócrates. Nesse caso, há um cume da atividade de pederastia enquanto prática não pedagógica somente, mas filosófica, e como um trajeto no qual há a melhor realização da *sofrosine*, a automoderação que nunca ninguém negou como alguma coisa ligada aos "conhece-te a ti mesmo".

Conseguir ser um *sofron* seria, então, antes de tudo conseguir ser o melhor Ganimedes para a divindade que poderia apadrinhar um mortal. Essa atividade, que se explicita em *O banquete* e no *Fedro*, é uma melhor exploração do amor em Platão, também uma forma de expressão da filosofia. O amor de *O banquete* cede espaço para o amor do *Fedro* e assim a atividade erótica se torna mais rica, mais envolvida com a vida real, de modo que a própria prática filosófica pode, então, se explicitar claramente como "amor filosófico por rapazes", que é um amor virtuoso, mas que está longe de não ser sexual. Aliás, no *Fedro*, ser "sinceramente filósofo" é algo quase que sinônimo, se é que não é mesmo sinônimo de "amante filosófico de rapazes". Em certo sentido, trata-se de uma realização do mito de Ganimedes e Zeus, na sua forma popular.

Nessa minha acepção, e tomo como ponto de partida o mito de Zeus e Ganimedes para mostrar o nascimento da filosofia, Ganimedes não aparece para justificar o homoerotismo e menos ainda a pederastia, pois essas coisas nunca precisariam ser explicadas ou justificadas, como de fato não foram. O mito é utilizado dentro do próprio contexto de uma pederastia que, talvez, nunca tenha sido praticada senão como ideal filosófico. Mas esse ideal filosófico não poderia ser de outra forma.

Desse modo, não tenho que me envolver com a etimologia da palavra "Ganimedes" levada adiante por Sócrates em *O banquete* escrito por Xenofonte. Ganimedes é belo e pode provocar outros pela sua beleza, pois belo é um adjetivo amplo. Sócrates enfatizou a atividade espiritual, intelectual, nesse caso, mas isso seria perfeitamente coadunável com a ênfase a esta dada na moderação necessária para ser um *sofron*, como está no segundo discurso do *Fedro*, ou seja, no que Sócrates chama ali de "Reparação", em que a atividade erótica, sexual mesmo, entre o *eromenos* (adulto) e o *erastes* (jovem) não é censurada.

Nessa linha interpretativa, também não tenho razão para criar espanto ao ver Platão, em *As leis*, dizer que a homossexualidade não é "natural" e que o mito de Zeus e Ganimedes, na sua forma popular, pode ter sido inventado pelos cretenses, de onde o homoerotismo teria surgido e se desenvolvido. Ora, também aqui posso muito bem entender que Platão fala da homossexualidade como atividade que nada tem a ver com o homoerotismo da pederastia, ou seja, com a filosofia. Os historiadores não entendem que o homoerotismo, como ele aparece nos textos de Platão, está sendo transformado por Sócrates, está sendo recriado e desenvolvido. A certa altura, Platão mesmo parece querer continuar essa tarefa, que ele, de certo modo, atribuiu inicialmente somente a Sócrates. Então, ele reeduca seu personagem fazendo-o agir não como o Sócrates atento aos desvios de *Eros*, mas o Sócrates capaz de mostrar que já não se precisava nem um pouco temer *Eros*, porque a atividade do filósofo — completa — não é outra senão uma atividade plenamente erótica.

Minha tese, portanto, é que ao encontrar Sócrates, Platão viu com novos olhos a pederastia, ele a entendeu como um caminho filosófico, mas, com o passar do tempo, já como escritor maduro, ele viu que só ser Sócrates, enquanto aquele acusado por Alcibíades de não ceder ao amor dos corpos, não poderia ser o suficiente. Então, em um diálogo mais tardio, como o *Fedro*, Platão, uma vez já tendo sido profundamente apaixonado por Dion, deu outra dimensão ao seu personagem. Ou, melhor dizendo, ampliou o caminho de Sócrates, mas sem forçar a caracterização de seu personagem. Afinal, o Sócrates de *O banquete* não se mostrou deserotizado, mas erotizado em função de atingir o amor platônico da sabedoria, e isso quase que como um exercício terreno. No *Fedro*, Platão mostrou um Sócrates que, em um primeiro momento, traçou o elenco do que poderia dar errado na vida de quem está apaixonado, mas depois, dizendo que a verdade é bem diferente, partiu para o segundo discurso mostrando como o que o correto seria de fato se apaixonar. Mas, nesse caso, a paixão não se faria sem automoderação.

Essa automoderação ficou bem explicitada pelo modo como é descrita a alma, na alegoria da biga e dos dois cavalos, o obediente e o rebelde. A filosofia e a atividade de *Eros* não seriam só terrenas, mas efetivamente uma preparação para aquela condição especial, após o desligamento completo do corpo, destinado então a percorrer caminhos divinos. Nesse caso, a alegoria não é a escada de Diotima, como em *O banquete*, no qual o prêmio final é o amor platônico do saber, mas a alegoria é a da subida ao que está além dos Céus, para banquete com os deuses. Ora, quem era aquele que servia o banquete dos deuses senão Ganimedes. A alegoria aqui poderia muito bem ser a abdução de Ganimedes. O mito se adequaria muito bem às intenções de Sócrates no *Fedro*.

Platão, nesse caso, é o homem que passou, ele próprio, pela experiência real do amor, da vida em homoerotismo com Dion, como está na célebre Carta VII, autobiográfica. Essa foi a segunda transformação de Platão, sendo a primeira a provocada pelo encontro com Sócrates.

Caso ele tivesse ficado somente com Sócrates (e caso não fosse o genial Platão, um homem que não tinha o homossexualismo como opção, mas como sua natureza), talvez ele cedesse à prática da pederastia comum, sujeita a acabar cedo — tão logo viesse a vida adulta. Desse modo, ele teria apartado o homoerotismo, interno à pederastia, de sua filosofia. A filosofia teria sido inventada para além do homoerotismo, ou talvez não tivesse sido inventada como ele a inventou. Mas não foi isso que ocorreu. O que aconteceu com vários que estiveram ao lado de Sócrates, que viveram a pederastia e depois a abandonaram na época de costume, não vingou com Platão, que se manteve homossexual durante toda a vida e criou a filosofia nas entranhas do homoerotismo. Ele levou a sério a pederastia invertida e transformada de Sócrates, que tinha a ver de fato com o amor corporal e mental entre Ganimedes e Zeus, e viu nela algo que nunca se encerraria — nunca poderia se encerrar nem mesmo após a morte. Esse foi o grande ensinamento deixado no *Fedro*.

Nem mesmo após a morte se romperia com o homoerotismo e com a filosofia. Ao contrário. A pederastia (e seu núcleo, que é a filosofia) nunca foi descrita sem estar envolta de uma narrativa religiosa, em que todo o ciclo de alma no universo é mostrada. Entender a abdução de Ganimedes pela divindade é entender o "amor filosófico pelos rapazes" como uma forma da alma ganhar asas e se preparar para "voar acima do Céu", os lugares só frequentados pelos deuses. Se uma alma pode assim fazer, ela vê tudo por ela mesma, vê o real, e então é uma alma que se poupa de muitas reencarnações.

Pederastia, homoerotismo e religião foram os núcleos da filosofia de Platão e estão na base da autêntica filosofia até hoje. Não poderia ser diferente. Isso é ainda hoje o que torna a filosofia às vezes ininteligível para os insensíveis.

7

Religião e investigação filosófica

Em nosso mundo moderno tudo que as pessoas menos desejam é serem tomadas como não inteligentes ou, popularmente, burras. Conformam-se à pobreza e podem aceitar a solidão, a doença, o exílio, a prisão, o roubo e a injustiça. Mas não querem ser burras.

Quando alguém publica um manual que tem como título "fique mais inteligente", o sucesso de vendas é certo. Todo o resto parece poder ser resolvido se a mágica de encontrar boas saídas, por meio da capacidade de pensar bem, está garantida. Em um mundo assim seria de se esperar que a maior parte das pessoas quisesse viver aprendendo coisas novas e criando relações que não lhes permitissem enrijecer o cérebro. No entanto, o que mais há no mundo atual são pessoas que fazem de tudo para não usar as atividades intelectuais, embotando o cérebro. Não raro, a religião é acusada de fazer esse trabalho de trava cerebral.

O filósofo alemão Martin Heidegger disse certa vez que uma das grandes diferenças entre nós modernos e os gregos antigos é que eles tinham uma religião que, por suas próprias características, os empurrava para o saber, enquanto nós ficamos com uma religião antes de fé que de reflexão e busca do conhecimento. De certo modo, como quase todos nós passamos por algum tipo de educação religiosa quando pequenos, não é de estranhar que alguns tenham se acostumado demais à fé, deixando de lado a reflexão e o questionamento do mundo ao seu redor, perdendo a oportunidade de levar adiante o desdobrar da inteligência.

Os filósofos medievais, claro, não pensavam assim. Eles tinham a fé como uma espécie de lanterna de mineiro, aquela que possui uma luz na testa ou acima um pouco da cabeça. A fé deveria emitir luz criando o faixo no qual valeria a pena pesquisa. Para eles, a fé em nada entravava, mas, ao contrário, era a grande responsável por não se perder tempo investigando a esmo, fora do faixo de luz.

Diferentemente dos medievais e nós modernos, os gregos antigos não tinham como religião o monoteísmo cristão como religião.

No que os gregos diferiam de nós, mais exatamente? Uma diferença básica está no modo como eles se relacionavam com seus deuses, em comparação com o nosso modo. Exponho isso abaixo lembrando uma história com Jesus e, então, passo à história de Sócrates.

A primeira história é da *Bíblia*, a célebre passagem sobre o camelo e agulha. Trata-se da narrativa sobre um homem extremamente devoto, que seguia os preceitos religiosos com bastante rigor, a fim de ganhar a vida eterna. Todavia, ele não sabia se isso era o suficiente. Quando Jesus passou pela sua cidade, o devoto foi ao seu encontro. Jesus o atendeu e ele contou, então, o quanto queria a vida eterna. Falou também que fazia tudo que a religião mandava, mas queria saber o que realmente poderia fazer de decisivo para ver garantido o prêmio da eternidade. Jesus sabia que se tratava de um homem rico e deu-lhe a seguinte resposta: "vende tudo que tem e dá o dinheiro aos pobres, depois vem e me segue". Obviamente Jesus foi embora sem esse homem. Comentou com seus discípulos, então, que seria mais fácil um camelo passar pelo buraco da agulha que um rico entrar no Céu.

Quando adentramos o mundo grego, nossa compreensão do que é a religião deve mudar completamente. Caso contrário, nada entenderemos. Corremos o risco, então, de recolocar esquema de compreensão cristã de religião, para o bem e para o mal, sobre uma relação dos gregos com o divino que nos deixará para sempre por fora do mundo helênico.

Vamos para a história de Sócrates.

Terminado o seu julgamento, e tendo sido Sócrates condenado à morte, surgiram então as primeiras manifestações de apoio e consolo ao grande filósofo. Sua esposa Xantipa tinha fama de não ser muito afável e, com a inabilidade de sempre, tentou consolá-lo: "você foi condenado injustamente, Sócrates". A resposta foi imediata: "e você queria que eu fosse condenado justamente?"

Essa forma de Sócrates agir mostra, também, outra faceta: sua forma "pedestre" de filosofar. O que Aristóteles disse de Sócrates de modo literal, o filósofo e político romano Cícero (106-43) consagrou em uma fórmula metafórica: Sócrates foi o primeiro a fazer a filosofia descer dos céus à terra.[1]

---

1. Cícero citou Antiochus (130 a.C.) a respeito dessa frase.

Os temas da conversação de Sócrates eram comuns aos dos cidadãos atenienses, cultos ou não. Coragem, temperança, justiça, devoção religiosa, amizade, amor, sexo, dever cívico, retórica, morte, alma, ensino e vários outros temas apareceram nas conversas em que Sócrates se envolveu.

É possível dizer que Sócrates não deixou textos exatamente porque o modo como ele admitia a filosofia implicava o diálogo vivo, como foi explicado por Platão no *Fedro*. O filósofo estadunidense Donald Davidson chamou a atenção para isso, dizendo que era inerente ao filosofar de Sócrates uma comunicação com êxito, e isso, para a "mosca de Atenas", dar-se-ia na medida em que o diálogo engendrasse mudanças — o propósito era sair de determinados significados das palavras para adotar outros. Ora, o texto escrito jamais poderia engendrar tal coisa, pois a palavra, uma vez lançada de forma escrita, e então questionada, sempre iria responder a mesma coisa, isto é, sempre apontaria para o mesmo significado.[2]

Uma vez vertida para a escrita, a filosofia perderia as feições necessárias para o tipo de investigação desenvolvida por Sócrates. Platão tinha consciência clara disso, e também endossava tal credo. Por isso mesmo, sua escrita não se fez isolada, não foi o resultado da "filosofia de gabinete"; ela foi um esforço inaudito — com êxito — no sentido de poder descrever os diálogos em detalhes, e o resultado que obteve foi uma forma literária estupenda.

Mas a questão para a qual Davidson chamou a atenção não é sobre a solução platônica de apresentar os diálogos socráticos.

---

2. D. Davidson, *Dialectic and dialogue*. Truth, language, and history, Oxford, Oxford University Press, 2005.

É sobre os próprios diálogos. Que tipo de investigação era esta? Como essa inusitada e até hoje curiosa forma de diálogo se fez presente de modo tão hábil na figura de Sócrates? Responder a essas perguntas demanda contar a história de Sócrates.

O modo como Platão nos informou sobre a vida de Sócrates jamais permitiu que a história de seu mestre viesse a se iniciar pelo começo. Pois o texto que é visto como o mais histórico de todos a respeito de Sócrates é *Apologia de Sócrates*. Ora, nesse texto o herói da filosofia ocidental já aparece próximo dos setenta anos, diante dos quinhentos jurados que, enfim, o condenaram à morte por meio da ingestão de veneno.[3] A história de Sócrates, portanto, começa pelo fim. Todavia, isso não quer dizer que não podemos saber sobre o início do filosofar de Sócrates, ou melhor, o início propriamente socrático do seu filosofar. No tribunal, ele contou o que o levou a ser o filósofo perturbador, a "mosca de Atenas".[4]

Sócrates se apresentou ao tribunal por causa de três acusações feitas por três atenienses, em especial por um jovem chamado Meletus. As acusações foram analisadas pelo próprio Sócrates, no início de sua defesa. Segundo seus acusadores, ele deveria ser punido por corromper a juventude, por não acreditar nos deuses em que a cidade acreditava e, por fim, por acreditar em

---

3. Um material pertinente sobre o assunto está em T. Brickhouse e D. Smith, *The Trial and execution of Socrates. Sources and controversies,* New York, Oxford University Press, 2002. Há os trechos dos textos clássicos que se referem ao julgamento e à morte, e na parte dois do livro há estudos de *scholars* socráticos: Burnyeat, Parker, McPherran, Kraut, além dos próprios organizadores.

4. Neste capítulo uso dois livros para os "diálogos socráticos", a coletânea de diálogos platônicos de Trevor Saunders e, especialmente, para as referências à Defesa de Sócrates e os textos afins (Eutifro, Criton, Menon e Fedon), o volume que contém as traduções do grego para o inglês de G. M. A. Grube: *Plato* — Five dialogues, New York, Hackett Publishing Company, 2002.

outros deuses, novos deuses. Para defender-se dessas acusações, Sócrates teve de contar um pouco de sua vida aos jurados. Contou da sua relação com as divindades e destas com a filosofia que praticava. E assim fazendo, ele chegou ao episódio da viagem de Querofonte.

Talvez a nossa vida atual fosse razoavelmente diferente se Querofonte não tivesse existido ou não tivesse sido quem ele foi. Democrata, militar e impetuoso, ele foi amigo de infância de Sócrates e lutou com o filósofo na batalha de Potideia.[5] Seu gosto pela aventura e pelas tomadas de decisão ousadas certamente o ajudou a desempenhar o seu papel nessa história — a história de Sócrates. Ele foi o homem que viajou de Atenas a Delfos para consultar o Oráculo do Templo de Apolo. Para lá, levou em mente uma pergunta especial — uma curiosidade sobre Sócrates. Ele queria saber do deus, pela boca da pitonisa, se havia alguém mais sábio que Sócrates em Atenas.

Querofonte já havia falecido na época do julgamento, e Sócrates sugeriu aos jurados que se quisessem um testemunho para aquele relato poderiam consultar o irmão de Querofonte, que sabia do ocorrido e poderia confirmá-lo. O próprio Sócrates, portanto, colocou a aventura de Querofonte em Delfos como um ponto importante para a história de seu filosofar e, assim, para o modo como nós, os ocidentais, pegamos o fio do que seria um dos mais importantes eixos de nossa tradição cultural.

---

5. Potideia era uma localidade dominada pelos atenienses. Quando quis se revoltar contra tal domínio, com ajuda de Corinto, ocorreu o cerco da cidade e a batalha da qual Sócrates participou (432 a.C.). Foi exatamente nessa guerra que Sócrates salvou a vida de um de seus discípulos, que depois se tornou general e esteve envolvido em inúmeras tramas políticas e militares vividas entre atenienses e espartanos.

Na época da viagem de Querofonte, era necessária certa determinação para aquele tipo de feito. Não só pelas condições da viagem, mas também pela situação do santuário de Delfos. A cada época de guerra, o local era ou eleito para ser conquistado ou escolhido para ser saqueado. Por isso mesmo, é provável que a viagem tenha sido feita por volta do ano de 430 a.C., após o fim do cerco de Potideia — uma relativa época de paz.

Mas, enfim, o que era o Oráculo de Delfos? E o que Querofonte encontrou lá de tão importante?

O santuário onde ficava o Templo de Apolo e, nele, o Oráculo de Delfos, abrigou na época medieval um pequeno vilarejo chamado Kastri. A cidadezinha ficou ali até 1893, quando começaram as escavações da Escola Francesa de Arqueologia no local. O vilarejo foi mudado para as proximidades, rebatizado como Delfos. Com as escavações, os conhecimentos sobre o santuário e, portanto, vários outros aspectos da vida grega foram bastante ampliados. Delfos é hoje uma cidade bem pequena, de cerca de 1.500 habitantes. Dista de Atenas não mais que 140 km. Há uma rodovia moderna que passa por Tebas e liga Atenas a Delfos. De determinados pontos da rodovia pode-se avistar o sítio arqueológico onde o Templo de Apolo esteve erguido. Todos que chegam hoje no sopé do Monte Parnasus, onde o santuário se acomoda, ficam impressionados com o local, dedicado a vários deuses, não só a Apolo. Todavia, o culto a Apolo se desenvolveu ali, tornando-se popular, exatamente pela presença das atividades do Oráculo.

Há várias versões sobre o início do culto de Apolo. Uma delas diz que Apolo derrotou o deus cobra dragão Píton, que ali reinava e guardava o culto de sua mãe, Gea (a Terra), casada com o próprio irmão Cronos (o Tempo) e progenitora da primeira geração de deuses olímpicos. Tendo impingido derrota a um deus, Apolo foi condenado ao desterro. Foi banido do Olimpo por nove anos. Em seu retorno, veio em forma de delfim (daí o local com o nome Delfi ou Delfoi) e se apossou do local, criando um templo para o culto de suas façanhas e personalidade. Talvez em homenagem ao deus derrotado ou simplesmente para continuar uma tradição anterior ou, então, apenas para lembrar sua vitória, Apolo deu ao local o nome de Templo de Píton. E as sacerdotisas foram chamadas de pítias (pitonisa). Apolo teria buscado, ainda em forma de delfim, os primeiros sacerdotes do templo, escolhendo-os entre marinheiros perdidos. Eis aí o ponto onde o mito cruza com a história e com a ciência e volta ao que pode ser mito. As pitonisas de Delfos, as mulheres que falavam a mensagem do deus, eram virgens reclusas ao local, que eram preparadas por outras mais velhas. Cientistas recentes teriam dito que tais mulheres viviam pouco, pois o transe pelo qual passavam para dar respostas aos que vinham ao templo se devia a odores inalados; tais odores nada mais seriam que gases de rochas vulcânicas do local, que eram de fato substâncias tóxicas.[6]

O culto a Apolo teve início por volta do século VIII a.C., sendo que Sócrates viveu no século IV a.C. Mas é bem possível que a forma pela qual o Oráculo se manifestou para Querofonte tenha sido a mesma desde os primórdios do culto. E a força e o prestígio do Oráculo, ao menos até Sócrates e um pouco depois de sua morte, ainda não eram desprezíveis. Só no século seguinte à morte de Sócrates é que o local foi perdendo paulatinamente o seu caráter sagrado. Com a anexação da Grécia ao Império

---

6. Há uma interessante reportagem sobre o assunto na National Geographic News de 14 de agosto de 2001, elaborada por John Roach.

Romano, sobreveio de fato a decadência. Foi oficialmente fechado com o imperador cristão Teodósio, em 390 d.C. Funcionou como local sagrado durante mais ou menos mil anos! Durante mil anos as sacerdotisas do local fizeram o mesmo ritual? Não sabemos. Mas podemos imaginar que quando Querofonte visitou o local, muito provavelmente a pitonisa o recebeu segundo uma praxe: sentada em um pequeno tripé fixado sobre a cavidade das rochas que exalavam os gases, então tomados como fumaças que saíam do cadáver do deus cobra-dragão Píton. Ele, Píton, teria ficado enterrado ali, após sua derrota diante de Apolo. Querofonte trouxe daquele local a diretriz que mudou a história da filosofia e, de certo modo, a vida de Sócrates, é claro.

A resposta da pitonisa à pergunta de Querofonte foi um "não". Não haveria ninguém mais sábio que Sócrates entre os atenienses. Mas como foi essa resposta? Verbal? Por escrito? E até que ponto o Oráculo dizia algo que poderia ser levado a sério. Todas essas questões são controversas. Os oráculos possuíam duas formas de resposta, com preços diferentes. Uma resposta detalhada e escrita era mais dispendiosa e, enfim, também implicava a oferta de sacrifícios de carneiros e cabritos. Uma resposta seca e barata era a do "método dos dois feijões"; tirava-se, na base da sorte, um feijão que era o "sim" ou um outro que era o "não". Como a resposta foi um simples "não" e dada a Querofonte, que certamente não era um homem rico, é bem provável que tenha sido pelo segundo método que o destino de Sócrates, e de certo modo o nosso, ficou traçado. Mas o valor de uma resposta dada pela pitonisa não mudava muito por causa do método. Em ambos os casos, não era uma resposta direta ou uma profecia, ao menos não no sentido judaico-cristão.

A resposta, simples ou complexa, era um tipo de enigma.[7] Tinha de ser interpretada. E a forma de interpretação variava segundo a formação intelectual e moral de cada destinatário. Aliás, a história registra algumas circunstâncias nas quais interpretações concorrentes a respeito de uma mensagem de um oráculo desempenharam papéis decisivos. Cursos de batalhas e caminhos governamentais foram alterados radicalmente quando os que receberam as mensagens resolveram optar por outra interpretação que não aquela que parecia a melhor à primeira vista. A interpretação era tudo. Então, se o intérprete fosse alguém inteligente, inclusive com alguma experiência filosófica, a interpretação era tudo e mais um pouco. Por isso mesmo a questão das opções de Sócrates, ainda hoje, está centrada exatamente a respeito do que ele fez quando soube da resposta trazida por Querofonte.

Querofonte trouxe de Delfos a mensagem de que não havia ninguém mais sábio que Sócrates em Atenas. Sócrates, por sua vez, disse considerar-se nem mais nem menos sábio que qualquer outro homem. Então, o que teria de fazer, segundo ele mesmo, era descobrir o significado do "enigma" contido na resposta do Oráculo de Delfos. O que teria querido dizer o deus do templo para ele? Qual a mensagem efetiva que ele deveria captar? Assumindo que o deus jamais mentiria — e isso já era algo bastante diferente do que os outros gregos pensavam dos deuses —, Sócrates passou então a imaginar um meio de entender a mensagem. Resolveu investigar os homens de Atenas e, se viesse a

---

7. Não um enigma no sentido de algo que se tem de descobrir, mas um tipo de charada que se tem de entender e "pegar o caminho" certo para dar uma resposta satisfatória ao entendimento.

encontrar um mais sábio que ele, poderia formular uma primeira contestação ao deus e, assim, ter uma pista para a compreensão correta da resposta do oráculo. Isto é, Sócrates tentou usar da refutação (*elenkhos*). Caso conseguisse refutar o Oráculo, teria ao menos um novo ponto de apoio para procurar nova interpretação (e assim por diante).

De fato, Sócrates colocou sua vida nessa tarefa de investigar outros e, com isso, também saber de si mesmo — a isso ele chamou de "filosofar". Percebeu que os homens de Atenas, fossem quais fossem suas posições na hierarquia social, poderiam parecer mais sábios que ele só à primeira vista. Não respondiam corretamente às suas perguntas — não davam definições suficientemente abrangentes para as perguntas que faziam, todas no âmbito moral: o que é a devoção? O que é a virtude? O que é a coragem? E assim por diante. Ainda que ele também não as respondesse, ele tinha claro para si mesmo que não tinha a resposta correta, enquanto seus interlocutores pareciam não perceber suas próprias incapacidades. Ele se viu, então, ao menos inicialmente, confirmando a resposta do Oráculo de Delfos.

Paulatinamente, Sócrates percebeu que mesmo os cidadãos atenienses tidos como os mais sábios não lhe davam respostas que ele não pudesse refutar. Mas, como ele não tinha respostas positivas para oferecer contra as de seus interlocutores — ao menos não quanto à pergunta que requisitava uma definição correta —, sua conjectura final lhe parecia não poder ser outra senão a seguinte: o deus situado em Delfos o havia escolhido apenas para que toda a cidade percebesse que o saber humano não vale o que os seus usuários imaginam. É como se o deus dissesse: vejam que aquele que é o mais sábio entre vocês todos tem uma sabedoria sem o grande valor que é o da sabedoria verdadeira (essa seria a sabedoria de quem teria respostas para suas perguntas, em forma de definições válidas para todos os casos, um saber que, não raro, os filósofos chamavam de "divino").

Desse modo, a partir de um determinado momento, Sócrates assumiu que sua tarefa já não era só investigativa, mas efetivamente de alguém que estaria como um assistente do deus, a fim de mostrar a cada transeunte de Atenas que ele não deveria se ver como sábio. Sendo assim, a conclusão que ele chegou a respeito da resposta da pitonisa foi a de que ele havia sido escolhido para uma missão. Qual? Aquela de tornar o cidadão ateniense alguém que tivesse a vida examinada. De fato, ali diante dos jurados, Sócrates também afirmou que ele acreditava que "uma vida não examinada não valeria a pena ter sido vivida", mas que achava difícil que alguém acreditasse nisso.

Ao longo dos séculos em que o texto de Platão, *A defesa de Sócrates*,[8] foi lido e relido, a interpretação de Sócrates à resposta do Oráculo de Delfos sempre causou polêmica.[9] A assunção de Sócrates de que ele tinha uma missão a cumprir, e que tal missão implicava o diálogo de refutação (o *elenkhos*), sendo esta

---

8. Muitos tomam a terminologia inglesa "Apology of Socrates" não como "A defesa de Sócrates", e sim como "apologia". Apology em inglês e apologia em português são transliterações da palavra grega apologia (απολογία). Nos três casos o sentido de "defesa" e "justificação" é bem aproveitado, e não há problema quanto a isso. Todavia, é bom lembrar que tanto em inglês quanto em português, em alguns momentos, apology e apologia são menos uma defesa que um discurso enaltecedor — esta forma não capta o texto platônico, que não é "apologético" no sentido de enaltecedor. Para evitar dúvidas, uso a expressão "A defesa de Sócrates" como título do texto de Platão.

9. Uma boa coletânea sobre o tema: P. Destrée e N. Smith (org.). Socrates' Divine sign: religion, practice, and value in socratic philosophy, Edmonton, Canada, Apeiron, 2005, v. XXXVIII, n. 2.

uma maneira de filosofar, nunca deixou de incomodar os filósofos posteriores. E isso não só pelas questões emergentes da relação entre filosofia e religião, mas também pela questão da ino-
cência ou não de Sócrates diante das acusações que o levaram
ao célebre julgamento.

Tomar uma resposta vinda de Delfos como uma missão poderia soar como um cumprimento de um dever religioso e, no
caso de Atenas, um dever cívico. Se assim fosse, a acusação de
não acreditar em deuses e, principalmente, de não acreditar nos
deuses venerados pela cidade deveria ter caído por terra. Mas
seria esta a maneira pela qual a plateia de jurados poderia entender tudo o que se passou? O dever cívico-religioso de Sócrates poderia ser entendido como cumprido daquele modo, ou seja,
vindo de uma resposta do Oráculo e então interpretado pelo
filósofo? Não seria mais condizente com a mentalidade da plateia
a atitude de quem cumprisse o dever religioso por meio dos
tradicionais rituais de oferendas aos deuses, que talvez Sócrates
não cumprisse ou cumprisse menos que o desejado? Teria algum
outro ateniense recebido uma missão de um deus, assim, de
modo tão direto?

Essas questões não emergiram somente por causa da história da resposta do Oráculo de Delfos — que certamente já seria
o suficiente para tal. Sócrates não se limitou a falar de sua relação com a divindade de Delfos. Ele também mencionou, com
coragem, que recebia "sinais divinos" mais diretamente. Contou
que desde criança escutava "vozes", e que ele assumia, por sua
conta, que se tratava de sinais da divindade. Não eram sinais
positivos que pudessem ser tomados como "visões", mas eram,
sim, premonições negativas, que freavam sua ação.

Nos dois momentos em que ele mencionou seu contato com o que assumia ser o divino, a plateia de jurados se manifestou em burburinho. Quando da resposta do Oráculo de Delfos e quando da sua explicação a respeito de ouvir vozes — aquelas que ele assumia como sinais divinos — Sócrates teve de pedir silêncio ao público presente. As reações podem ter sido, é claro, dos jurados que entenderam que o que Sócrates dizia era uma estupenda presunção. Ou talvez tenham assim se manifestado por entender que aquilo era uma confissão de culpa. Pois, afinal, uma coisa já espantosa seria dizer — como ele disse — que havia sido escolhido pelo deus; outra coisa, talvez bem mais estranha ainda, seria falar — e ele assim o fez — que desde criança acolhia recados divinos por meio de vozes que só ele escutava (e também em sonhos). Como alguém poderia ter afirmado, de público, que possuía contato com um *daimon*, um gênio? E se fosse verdade, quem seria essa divindade? Afinal, não era exatamente por isso que ele estava sendo acusado de ser um "produtor de novos deuses"?

Teria sido, realmente, pelas acusações apresentadas que Sócrates foi condenado? Ou havia outras acusações, não proferidas, que pesaram mais? O julgamento foi, então, uma farsa? Houve um julgamento mais político e menos técnico?

Ainda que Atenas ficasse incomodada com Sócrates, ele tinha a seu favor o fato de ter sido herói de guerra, tendo participado de duas campanhas já em idade avançada. E embora fosse pobre, não era filho de pessoas não respeitadas. Seu pai havia sido escultor e sua mãe parteira — ambos gregos autênticos. O motivo político, de que ele havia tido como seguidores alguns que traíram Atenas, como o caso do jovem general Alcebíades — a quem

ele salvou na guerra —, poderia de fato pesar contra ele? Justamente ele, que nunca participou da política (exatamente por
impedimento da voz que dizia ouvir, o *daimonion*), teria anga-
riado ódio político? O que foi o julgamento de Sócrates? Um
processo efetivo, no qual as acusações foram levadas em conta?
Ou um processo falso, no qual a política mesquinha ganhou, pelo
voto, o direito de matar a "mosca de Atenas"? Ou simplesmente
a vingança daqueles que ele possivelmente humilhou, ao mostrar
no seu filosofar que eles não podiam ser tão orgulhosos quanto
eram, pois não eram os sábios que se diziam ser? Aliás, essa
última possibilidade, ele próprio, Sócrates, considerou válida,
logo no início de sua defesa.

Sócrates foi acusado de introduzir novos deuses em Atenas
e de corromper a juventude. E então foi a julgamento, que se
deu em 399 a.C. Ele fez sua defesa diante de um júri de quinhentos atenienses, mas foi condenado. Poderia fugir por meio de
diversas maneiras, e de fato isso foi proposto por alguns de seus
discípulos. Todavia, ficou e cumpriu a pena, que era a de tomar
veneno voluntariamente. Foi assim que faleceu. Um dos principais
textos sobre o assunto é *Apologia de Sócrates*, escrito por Platão,
que dá voz ao próprio Sócrates diante do tribunal. O texto que
apresenta Sócrates na prisão, esperando o momento da morte,
é o *Crito*. Nele, Sócrates mostra sua obediência às leis de Atenas,
considerando que o julgamento havia sido um erro, mas que isso
não o autorizava a afrontar as leis. Ir contra as leis de Atenas,
para ele, seria negar a validade de leis que o acolheram durante
toda a sua vida, e que o haviam protegido; leis que ele aprovava.

Muitos que tomam conhecimento desse assunto, em um
primeiro momento se espantam com tal julgamento. Primeiro:

não entendem muito a acusação. Os atenienses viviam em uma democracia e eram esclarecidos. Então, qual a razão de uma acusação desse tipo contra um filósofo? Segundo: não entendem o comportamento de Sócrates. Por que ele não fugiu, já que teve a oportunidade? Penetrando na filosofia de Sócrates, podemos compreender essas questões.

A religião na região das colônias gregas não dependia de sacerdotes que estavam nas cidades, em igrejas, atrelados ao poder político como em um estado teocrático ou como um poder que, mesmo longe do governo, poderia mandar punir os não fiéis, os não devotos, os ímpios. Nada disso. Os sacerdotes, ou melhor, os oráculos, raramente eram comandados por homens. Os sacerdotes não eram, na maioria, sacerdotes, mas sacerdotisas. Estavam em santuários, onde funcionavam como oráculos. E não saíam de lá nem davam ordens. Apenas produziam "adivinhas", quando consultadas. Assim, zelar pela devoção ou religiosidade dos gregos, em cada cidade, dependia dos próprios cidadãos. E este era o caso de Atenas. Agora, a pergunta que fica é a seguinte: se não havia uma casta nas cidades beneficiada diretamente pela religião, qual a razão de tanto zelo com a devoção aos deuses e a religiosidade?

A razão de terem de zelar pela devoção era de natureza ética, no sentido original desta palavra. Na falta de uma unidade política maior, o que tinham de fazer para manter o mundo que conheciam funcionando? Nada além de tentar preservar o *ethos* grego, o que, enfim, garantia a eles a identidade de gregos. Ou seja, existiam "os gregos", que se diferenciavam dos "outros", que eram chamados de "estrangeiros" ou "bárbaros". Os gregos se reconheciam como tal, isto é, como gregos, por possuírem a mesma língua e os mesmos deuses. Por isso, introduzir novos deuses em Atenas e divulgar tal coisa entre os jovens era um crime. Era um ato que, no limite, poderia tornar cada cidade algo que não era mais aquela mesma cidade — uma cidade grega.

Os gregos não tinham uma religião a partir de textos sagrados. Não havia algo como a Bíblia ou o Alcorão. A devoção não tinha como ser cobrada ou desobedecida diante de uma ortodoxia. O que havia era, digamos uma *ortopraxia*. Ou seja, havia uma prática relativamente estabelecida de rituais. Ser devoto era cumprir os rituais (os Jogos Olímpicos eram um deles). Todavia, mesmo tais rituais não eram catalogados e definidos quanto ao que se devia ou não fazer neles. O que era ou não um ritual apropriado não podia ser determinado com exatidão. Sendo assim, o tribunal que julgou Sócrates não teve apenas de julgá-lo por impiedade — que foi a acusação que lhe fizeram —, ou seja, por atos que o apresentavam como não devoto, mas também tiveram de definir, ali mesmo, ao julgarem Sócrates culpado, o que era e o que não era a impiedade. Por isso, quando lemos Platão, sentimos que a acusação era vaga. Mas o fato de ser vaga não a tornava vazia. A democracia atual julga muita coisa pelo voto, mas o faz, em geral, por meio de um apoio: leis do estado ou dos costumes escritas, definidas, catalogadas. Não era o que ocorria com Atenas. Até mesmo o que era ou não era a lei, a cada assembleia, estava em questão. Daí a importância da retórica. Por isso, quando Sócrates se viu condenado pelos jurados, ele não tomou tal condenação como obra apenas dos jurados, mas obra das leis de Atenas, que até então o tinham favorecido. Pois as leis, enfim, eram feitas ali na *Agora*.

Alguns estudiosos acreditam que as acusações sobre Sócrates se deveram ao que seria uma vinculação sua ao modo de vida oligárquico, e não ao democrático. De fato, Sócrates havia sido amigo de homens como Alcebíades, que traíram Atenas, que em determinados momentos serviram aos oligarcas que dominaram a cidade na época dos "Tiranos", após a vitória de Esparta sobre Atenas na Guerra do Peloponeso. E mais, o próprio Platão era um oligarca e um seu parente esteve como um dos "Tiranos". Entre os que ficaram do lado do regime oligárquico, haviam os que tinham sido seguidores de Sócrates. Então, os que ficaram do lado da democracia, ainda que alguns assim fizessem exclusivamente por oportunismo — como o caso de seu principal acusador, Meletus —, teriam levado adiante as acusações por vingança contra Sócrates. Essa hipótese, chamada de "teoria conspiratória", tem se tornado menos plausível atualmente.[10]

Não é difícil ler Platão e tomar as acusações contra Sócrates como bem possíveis de terem sido motivadas pelo que ele aponta na sua "defesa", o fato de ter colocado vários interlocutores sob o fogo de seu filosofar direto que, enfim, mostrava "por refutação" que o interlocutor não sabia o que dizia saber. Além disso, é necessário pesar o quanto a maneira de relacionamento de Sócrates com os deuses poderia soar esquisita aos atenienses. Sócrates se via como o mais devoto dos atenienses, uma vez que sua forma de filosofar era, para ele, uma obediência ao "deus

---

10. Gregory Vlastos concorda que isso poderia ter lá alguma influência no julgamento, mas ele diz que Sócrates, ele próprio, não foi adepto da oligarquia. Ele era um democrata que ficou com a fama de simpatizante da oligarquia. Outros *scholars* mais jovens que Gregory Vlastos, como T. C. Brickhouse e N. D. Smith, defendem a tese de que a relação de Sócrates com alguns oligarcas não estava em questão nem subliminarmente no julgamento.

do Templo" (de Apolo). É muito provável que os jurados, mais acostumados a serem devotos dos deuses cumprindo rituais tradicionais, tenham entendido muito pouco como Sócrates havia articulado religião e filosofia para, por tal articulação, considerar-se um devoto "do deus do Templo", que era o modo como ele se referia ao deus do Templo de Apolo.

De qualquer maneira, nunca devemos deixar de notar que Sócrates filosofou enquanto exercendo uma atividade central de sua devoção religiosa, e isso nunca entrou em confronto com sua extrema religiosidade. Agora sim, então, podemos voltar ao início e entender Heidegger, que disse que uma das grandes diferenças entre nós modernos e os gregos antigos é que eles tinham uma religião que, por suas próprias características, os empurrava para o saber, enquanto nós ficamos com uma religião antes de fé que de reflexão e busca do conhecimento.

8

Sócrates, Arendt e Alcibíades

ou

A busca da vergonha

1. Arendt e a consciência

Os que já estiveram diante de uma Maria-vai-com-as-outras sabem muito bem como esse tipo age. Tão inofensiva enquanto solitária, ela muda de comportamento rapidamente ao se agrupar, formando rios caudalosos que desembocam em mar de tsunami. Os ditos "movimentos de massas" mostram isso. Os historiadores da vida durante a ascensão do nazifascismo nada são senão os que falam da infelicidade ao se conhecer tais Marias.

Marias desse tipo pareciam circunspectas senhoras que se preocupavam unicamente com a feira e os filhos. Todavia, uma vez incentivadas por grupos paramilitares, foram facilmente imantadas em uma massa crescente e, então, em uma brusca mudança de atitude, ajudaram a submeter a constrangimentos judeus, ciganos, negros, deficientes ou simplesmente um estrangeiro qualquer. Tomando conhecimento de tal barbárie, as gerações seguintes, nos países onde isso ocorreu, não deixaram de perguntar: "como essas mulheres pacatas fizeram isso?".

E mais: "mas por que não surgiu uma voz capaz de dizer 'parem, isso é errado'?".

Essa pergunta soou forte após a Segunda Guerra Mundial, quando o mundo e, é claro, inclusive a própria Alemanha, tomaram ciência dos crimes do governo nazifascista durante o conflito. Assumir que as perseguições às minorias havia efetivamente ocorrido em grau de genocídio não foi fácil. Afinal, falava-se aí de um algoz não necessariamente bárbaro, mas de um povo altamente culto — a nação alemã que, antes do final do século XIX, tinha 0,03% de analfabetos. Em meio a esse povo deveria ter havido alguns que poderiam ter dito "o que fazemos está errado". Mesmo entre os nazistas, deveria existir alguém com alguma força moral capaz de "parar para pensar".

É claro que, historicamente, existiram insurgentes contra Hitler dentro das fileiras do partido nazista ou no seio da Alemanha, ainda que não os opositores tradicionais. Todavia, o que indignou a todos após a Guerra foi que tais pessoas, as que possivelmente estiveram do lado contrário a Hitler dentro do que seria a sociedade hitlerista, não conseguiram formar uma oposição. Verdade ou mentira, o certo é que pareceu faltar gente capaz de "parar para pensar" diante do cancro que foi a emergência daqueles que integraram as forças centrais do nazismo.

Quando do julgamento do nazista Eichmann em Israel, Max Horkheimer, o cabeça da chamada Escola de Frankfurt, sentenciou: ele vai nos fazer um segundo mal. Sim! Eichmann viveu para matar e, depois de anos, capturado, obrigaria Israel a matá-lo. Mas uma outra preocupação havia quanto a Eichmann e todos os nazistas: por que fizeram o que fizeram? Como puderam ser tão monstruosos a ponto de criar aquilo que a filósofa judia

Hannah Arendt, ao falar do julgamento de Eichmann, denominou de "a banalidade do mal"?

Hannah Arendt levou essa pergunta a sério.[1] Preocupou-se com esse questionamento no feixe de outras perguntas sobre o tipo Maria-vai-com-as-outras, em especial esta: "por que ninguém parou para pensar?".

Ora, mas é claro que durante todo o nazismo ninguém deixou de raciocinar. Ao contrário, nunca se exerceu tamanho esforço criativo e tamanha tenacidade de inteligência na Alemanha que naquela época. Uma boa parte do sucesso tecnológico alcançado nos anos 1950, nos Estados Unidos e mesmo em outros países, teve suas raízes em projetos dos cérebros alemães, desenvolvidos ou esboçados durante a Guerra. A vinda de Werner Von Braun, o pai da Bomba V-2, para os Estados Unidos, e sua ascensão na NASA, como quem, afinal, conduziria o homem à Lua, é um bom símbolo dessa época. A Alemanha nazista, mesmo expulsando uma grande parte de seus intelectuais e cientistas, havia mantido em seus quadros campeões do raciocínio. No entanto, como não puderam "parar para pensar", naquele sentido que Hannah Arendt solicitou?

Qual foi o sentido solicitado por Arendt?

A filósofa não falou em "parar para pensar" em um sentido de quem exerce o pensamento corriqueiro, mas de quem poderia agir e de fato assim agiu "irrefletidamente". Arendt diz ter notado isso durante o julgamento de Eichmann: ela viu um homem-monstro, e, no entanto, fitando-o mais demoradamente, ele se

---

1. O que menciono aqui sobre Arendt e sobre suas teses a respeito de Sócrates estão em: Arendt, H. *A vida do espírito*. Rio de Janeiro: Civilização Brasileira, 2010.

mostrava senão como uma figura completamente superficial. Assim registrou suas impressões diante do nazista: "o que me deixou aturdida foi que a conspícua superficialidade do agente tornava impossível rastrear o mal incontestável de seus atos, em suas raízes ou em seus motivos, em níveis mais profundos".

Eichmann não era outro senão aquele que repetia clichês. Tais formas de falar protegem o emissor da realidade. Todos nós utilizamos clichês, pois se tivéssemos de refletir o tempo todo diante do cotidiano real ficaríamos exaustos, lembra Arendt. Todavia, também lembra que junto dessa prática de clichês funciona em nós a "exigência de atenção do pensamento" a tudo que ocorre conosco, e isso simplesmente por causa de nossa existência e da existência dos fenômenos. Eichmann, no entanto, se apresentou com uma característica que o distinguia do comum dos homens: ele "nunca havia tomado conhecimento dessa exigência" do pensamento. O mal ao qual Eichmann se associou e provocou não era como o mal da literatura, "demoníaco ou monstruoso". Nele não havia sinais de culpa ou de convicções ideológicas. Não se tratava de "estupidez, mas *irreflexão*".

Foi exatamente esse episódio de Eichmann, como Arendt deixou registrado, que a levou a conjecturar que talvez "o problema do mal" — que já havia sido estudado por ela em seu doutoramento, não à toa sobre Santo Agostinho — talvez não fosse possível de fornecer pistas por meio da ética ou da filosofia moral, mas por meio de um novo tópico, o da "ausência de pensamento". "A ausência de pensamento com que me defrontei", escreveu Arendt, "não provinha nem do esquecimento de boas maneiras e bons hábitos, nem da estupidez, no sentido da inabilidade para compreender — nem mesmo da 'insanidade moral', pois ela era igualmente notória nos casos que nada tinham a ver com as assim chamadas decisões éticas ou os assuntos de consciência".

Arendt formulou sua questão básica da seguinte maneira: o hábito de examinar o que quer que aconteça ou chame a atenção, que chamamos de pensamento, poderia estar mesmo entre as condições de levar os homens a se abster de fazer o mal? E ela formula uma hipótese de trabalho: que talvez a palavra "consciência", em seu uso corriqueiro, já indique isso, que o pensamento enquanto tal tem o poder de fazer o pensante não praticar o mal.

Essas preocupações levaram Arendt a percorrer o que comumente chamamos de "história do pensamento" ou, de modo mais específico, no seu caso, "história da filosofia" ou como ela mesma denominou: "a vida do espírito".

Diferentemente da Escola de Frankfurt que, *grosso modo*, posso dizer que também tentou falar do mal tendo como motivação inicial o nazismo, e que assim procurou reconstruir a história da filosofia e da cultura como uma desventura da "irracionalidade da razão", Arendt se fixou não no tropeço do *logos*, mas nas promessas — ao menos para ela — do pensamento. Passou mesmo a investigar a atividade do pensamento em sua relação com o que seria mais próprio ao pensamento pleno, ou seja, o filosofar. Ela pôs como o seu objeto de pesquisa o próprio ego pensante do filosofar em sua relação com o eu comum pensante do filósofo. Sua perquirição se fez à luz de uma hipótese esperançosa: seria mesmo o comportamento não irrefletido, o exercer pleno do pensamento, um elemento capaz de barrar o mal?

Nessa sua tarefa, não queria encontrar o eu pensante em um sentido corriqueiro. Queria o eu pensante como ego do pensamento filosófico, o pensamento levado a cabo pelos filósofos. No entanto, reconheceu ela, os filósofos sempre foram "profissionais do pensamento" e, assim, muito do que pensaram não lhes veio da experiência pessoal, mas de problemas exteriores. Ela desejava encontrar aquele pensamento que aliava a experiência pessoal de um pensador não profissional e o pensamento do filósofo. Foi por essa via que ela chegou naquele que fez exatamente isso: Sócrates. Ele viveu o pensamento porque sua vida era o exame e o autoexame e, ao agir assim, não fez outra coisa senão filosofar — ele mesmo afirmou isso, e de modo correto. Mas, jamais se orgulhou disso no sentido do filósofo profissional, sempre pronto para dar receitas, criar doutrinas e, portanto, escrever seu pensamento.

Arendt foi buscar *também* em Sócrates uma resposta para a sua pergunta crucial, "o que nos faz pensar?". Não o que nos faz pensar como motivo exterior. Nem o que nos faz pensar como elemento interno, psicológico. Mas o que nos faz pensar no sentido de não agir irrefletidamente. Eis aí o que Arendt quis obter.

Ao fazer tal investigação em Sócrates, Arendt traçou um caminho que, creio eu, cruza com aquilo que investigo: a questão do eu clássico ou, com alguma liberdade de expressão: a subjetividade grega antiga. E isso por uma razão simples: ela se viu obrigada a mostrar Sócrates como o filósofo que queria seguir o preceito délfico, exatamente o que o fazia pensar — o "conhece-te a ti mesmo". Como pensador corriqueiro, Sócrates fez o que todos nós fazemos. Todavia, como pensador corriqueiro *e* filósofo, Sócrates assumiu o ego pensante do filosofar, que, no caso, tem por objeto conhecimentos e ações humanas. Como Sócrates fez isso?

Certamente não como Descartes ou Locke ou Hume imaginaram que o pensamento podia ocorrer, ou seja, como o que nunca age senão com consciência. Muito menos como Schopennhauer, Nietzsche e Freud, que falaram em inconsciência sem que isso significasse estado de não vigília. Sócrates exerceu o pensar, na árdua tarefa de entender o que ele era — o conhece-te a ti mesmo — de posse de uma forma de "eu" que não era o da subjetividade moderna. Então, como ele agiu? Que instrumentos ela utilizou? Arendt buscou explicar o mal e, ao mesmo tempo, falou de coisas que me ajudam a desvendar questões *anteriores* ao mal, no meu campo de perquirição. É a respeito disso que segue este meu texto.

Aqui, aviso de antemão, o Sócrates utilizado não está sob o crivo da disputa entre quem é o Sócrates histórico e quem é personagem de Platão ou em que momento Sócrates fala por Platão. O meu Sócrates, como ele se comporta aqui, é o que fala como Sócrates nos textos platônicos e outros. Aliás, também é dessa forma que Arendt o toma. Assim, salvo onde há indicações em contrário, não se trata de sabermos sobre Sócrates para além do que Sócrates diz como aquele que se consagra nos escritos em que ele é personagem.

Outro detalhe é a minha relação com Arendt. Não a leio como mero apoio ou instrumento. Nem como seu comentador ou discípulo. Trato-a como uma filósofa que tem um trabalho que cruza os caminhos do meu trabalho de filósofo. Noto que sua perquirição me dá boas entradas, mas não se completa no sentido do que eu quero obter e nem no sentido do que ela própria pareceu querer obter. Assim, Arendt é aquela que me abre uma trilha, na qual passeio com gosto, mas que, em determinados lugares, me obriga a arrancar o facão para aperfeiçoar o desbastamento de mato, deixando a trilha maior ou mesmo forjando uma continuidade da trilha, talvez não vislumbrada por Arendt. É claro que digo isso exatamente no que se refere a Sócrates, e não quanto ao projeto geral de "a vida do espírito", como Arendt traçou.

2. Sentir vergonha

Acreditando na sinceridade de Sócrates, de que "uma vida não examinada não vale a pena ser vivida", como é exposto por Platão em *Apologia de Sócrates*, Arendt o vê como um filósofo que falaria da sua filosofia exatamente ao contar sobre sua compreensão de si mesmo. Creio que Arendt não está errada ao assumir essa postura. Afinal, sabemos bem o quanto Sócrates se fez devoto do "deus do Templo" de Apolo e, portanto, da célebre inscrição "conhece-te a ti mesmo". Investigar a vida e, enfim, a sua própria vida, nada seria senão o filosofar de Sócrates — ele confirmou isso no seu julgamento.

Desse modo, para Arendt, saber a respeito do pensamento de Sócrates, ao menos como ponto de partida, nada seria senão saber o que Sócrates sabia de si mesmo. Assim, seguindo a literatura, Arendt fixa-se em três alusões socráticas sobre ele próprio.

Ela vê Sócrates como "mosca", como "arraia elétrica" e como "parteira". Como mosca, Sócrates perturba e "desperta" os que cruzam o seu caminho. Como "arraia elétrica" ele faz exatamente o oposto, ele paralisa os interlocutores, deixando-os do modo que ele próprio fica paralisado, isto é, estupefato com as aporias geradas pelas suas perguntas e pelo seu pensamento. Nesses dois casos, cumpre-se o estado filosófico *par excelence*, como assumido por Sócrates, e certamente por Platão, que é o de estranhamento. Por fim, Sócrates age como a parteira. Mas, nessa específica situação, Arendt não toma o caminho convencional dos comentadores, principalmente os de língua francesa e alemã, mas opta por uma leitura menos comum, mas correta. Menos interessada na conversa platônica de Sócrates, referente ao como ele conseguiu fazer o garoto escravo deduzir um teorema (a contrapartida do trauma da alma ao ter se banhado no rio do esquecimento), a filósofa dirige-se exclusivamente aos diálogos aporéticos.[2] Assim, a parteira aludida é caracteristicamente a parteira grega, a mulher que não pode mais ter filhos. Ela faz o parto exatamente à medida que não é fértil. Sócrates é uma parteira nesse exato sentido: ele não produz filhos, não dá resultados, uma vez que seu pensamento faz o serviço do vento: remove dogmas e certezas sem repor algo que não vá embora também com novo pensamento.

Por essa via, Sócrates fornece a Arendt elementos para uma conclusão que, tudo indica, a deixa relativamente satisfeita — mas não a mim. Não vejo nessas três figuras — Sócrates mosca, arraia e parteira — alguma coisa substancial da filosofia socrática. Tomo-as como preâmbulos. Arendt fica nessas primeiras alusões. Penso que teria sido mais interessante ela notar outros elementos, estes sim, bem mais recheados do que seria uma boa resposta a respeito de quem é Sócrates, e de como seu pensamento corriqueiro se expressa no seu filosofar e vice-versa.

Sem negá-la, eu completaria Arendt com mais três possibilidades para Sócrates, a saber, as figuras que aparecem em três outros distintos momentos de sua peregrinação em Atenas. Pri-

---

2. Diálogos iniciais de Platão, segundo periodização comum entre helenistas.

meiro, seu encontro com o mago persa Zópiro, visitante de Atenas. Segundo, sua pergunta sobre si mesmo, se ele seria um monstro ou um dócil, junto a Fedro, exatamente no livro de Platão com este nome. Terceiro, sua caracterização como um sátiro, feita por Alcibíades na célebre festa em homenagem ao poeta Agatão, no livro *O banquete*. Nesses três episódios, tudo o que Sócrates diz caminha para um único resultado, aparentemente banal para nós, filhos do cristianismo, mas completamente novo e altamente revolucionário para os gregos do período clássico: é a alma e não o corpo aquilo para o qual devemos dar atenção — o homem é sua alma, e não um composto de alma e corpo. "Conhece-te a ti mesmo" é antes de tudo um lema para encontrar a alma. Tudo isso tem de ser explicado, e em especial a noção de alma, de modo a tomarmos qualquer anacronismo em nosso benefício, e não como pedra para tropeço.

No que segue, percorro cada um dos episódios aludidos.

Primeiro episódio. Nietzsche faz alusão ao episódio de Zópiro em Atenas. Conta ele que ao ver Sócrates, Zópiro não se conteve, deixando escapar a expressão "monstro in face". Muito provavelmente Nietzsche teve como referência Cícero, um dos principais responsáveis por essa história ter se preservado. Zópiro não era apenas um mago, era também um "fisionomista", algo bem próximo daquilo que muito tempo depois, no século XIX e início do XX, ficou conhecido como a arte de peritos da polícia que, baseados em doutrinas antropológicas então recém-criadas, teciam diagnósticos sobre a personalidade e suas potencialidades morais de indivíduos a partir das feições e, enfim, de seus "biotipos". Em Sócrates ele viu uma residência de estupidez, intemperança e lascívia. Os que acompanharam a avaliação (como em outras situações socráticas, ocorrida na rua), puseram-se a rir. Alcibíades, ali presente, zombou do sábio persa, revelando que a avaliação correta era exatamente a oposta, em se tratando de Sócrates, o grande filósofo de Atenas. Foi aí que Sócrates admoestou o seu jovem protegido, afirmando que Zópiro não havia errado em nada. O persa fez um olhar de satisfação para, rapidamente em seguida, ficar preocupado e indagador. Sócrates nem o deixou perguntar e revelou seu segredo. Contou que efetivamente era tudo aquilo de ruim, mas que havia diagnosticado isso nele próprio e, por virtude desse *insight* e por disciplina, conseguiu superar todos os elementos nocivos. O que Sócrates fez não foi outra coisa que contar, ali mesmo, o quanto ele próprio, em tudo, não era senão algo autofabricado pela sua filosofia ou, pode-se dizer, pela filosofia *tout court*.

É claro que em uma interpretação que favorece o platonismo, podemos simplesmente dizer que o episódio é mais uma amostra da dualidade essência e aparência, no qual a realidade e a verdade cairiam para o primeiro polo. Em uma interpretação mais ampla, capaz de contemplar mais elementos socráticos e não só platônicos, não há razão de não se ver aí uma clara alusão ao quanto o "conhece-te a ti mesmo" se faz em um sentido que aponta para o centro do "cuidado de si" ou do "autoaprimoramento", tão discutido no *Alcibíades I* e tornado popular em nossos dias por meio das lições de Foucault sobre subjetivação. Aliás, diga-se de passagem, Sócrates afirmou em sua defesa que nada ensinava e que não era professor — e foi sincero nisso, verdadeiro. Mas nunca disse que não se poderia aprender nada com ele. Nunca disse que não se aprenderia nada ao levar a sério "uma vida não examinada não vale ser vivida".

Segundo episódio. No *Fedro*, Sócrates rejeita a investigação sobre a veracidade dos mitos dizendo que não disporia de tempo, uma vez que gastava todo o seu tempo investigando sobre ele próprio. Ele diz que ainda não havia conseguido cumprir o preceito délfico, o "conhece-te a ti mesmo", de modo que não sabendo nem mesmo o que era seu se achava completamente despreparado para se aventurar na pesquisa do que lhe era alheio. Nessa passagem, Sócrates deixa claro que sua pesquisa na linha délfica é em busca do que chamaríamos da sua natureza. Não necessariamente a natureza humana, mas antes a natureza dele próprio, ainda que, com isso — como aparece no *Alcibíades I* — fosse possível também saber mais sobre a natureza humana. Sua questão é posta, propositalmente, em alusão a uma forma mítica. Ele conta querer saber se ele é como Tífon, o dragão de muitas cabeças que foi o último obstáculo de Zeus na criação do reino dos deuses, ou se ele é uma criatura simples que "compartilha alguma coisa de divino com uma porção não tifônica".

Nesse caso, o autoexame socrático é um pouco distinto do que se mostra no episódio com Zópiro. Com o persa, Sócrates mostra o quanto conseguiu vencer, pela filosofia, suas tendências menos elogiáveis. Então, no referente à conversa com o mago persa, tudo se encaminharia para a ideia de *sofrosine* — a temperança como sabedoria — o que se poderia obter pelo autoaperfeiçoamento. Mas, no *Fedro*, a questão colocada retoma algo que é da ordem da própria natureza socrática: haveria algo racional em Sócrates, que o assemelharia, como homem, aos deuses, sem que houvesse também algo que o assemelharia ao monstruoso? Ou a natureza de Sócrates, e talvez de todos os homens, não escaparia de mostrar um quadro mais composto, mais complexo?

Em *A República*, a alma aparece em três partes, uma parte é a do intelecto racional, outra a do espírito e, enfim, uma terceira parte é claramente bestial, a dos apetites. No *Fedro*, a imagem que Platão cria é outra. Trata-se da célebre passagem da alma como sendo a biga, que tem uma parte de comando racional no condutor, sendo a parte espirituosa dada pelo cavalo branco e a parte impetuosa e bestial dada pelo cavalo preto. Nesse quadro do *Fedro*, a alma humana é de uma natureza complexa, contendo elementos racionais e não racionais, e isso de um modo constituinte, estrutural. Levando a sério a questão socrática do início do *Fedro*, a pergunta é se ele, Sócrates, ao fim e ao cabo se identifica com a parte dos aspectos racionais ou com a parte dos aspectos bestiais. Na discussão do *Fedro*, de *A República* e outros, Sócrates termina por indicar que a parte irracional não é essencial à alma, mas somente sua parte racional. Assim, ao se perguntar sobre Sócrates ou sobre o homem ou sobre a alma (perguntas quase equivalentes, em vários casos), para saber de sua natureza, deve-se fazer no sentido de quem leva adiante perguntas socráticas do tipo "O que é F?", em que F deverá trazer o essencial, *o puro*, não os exemplos ou situações. Aqui, como em outras passagens, Sócrates não está fazendo autoinvestigação para saber de si em um sentido moderno, quando dizemos que pela nossa história ou nossas disposições vamos nos transformar naquilo que somos, como destino individual (em relação ao qual importam cada vez mais aspectos pessoais, até idiossincráticos), como resultado de luta entre nossa formação cultural e nossa natureza instintual. Nada disso. A investigação de Sócrates não tem esse caráter moderno. O reconhecimento da natureza de Sócrates, em um sentido puro, busca o sentido de um modelo objetivo, que se põe constantemente como o que pode dar a *areté*: ser sábio como os deuses. A identidade com a alma pura, sua essência ou parte racional é para ser adquirida e, então, o "conhece-te a ti mesmo" é o caminho para que o mortal se assemelhe o mais possível dos deuses.

Terceiro episódio. No final de *O banquete,* há o episódio da entrada de Alcibíades em cena, que também é convidado a falar do amor, como os outros presentes já haviam feito. Ele escolhe uma via diferente. Em vez de tentar fazer qualquer caracterização geral de Eros, opta por tecer uma espécie de encômio a Sócrates.

Há quem exponha esse episódio efetivamente como sendo a fala da não filosofia, da poesia, por exemplo, em contraste ao discurso filosófico, que teria sido a fala de Sócrates referindo-se ao que aprendeu de Diotima.[3] Prefiro, no entanto, apanhar esse episódio não como a resposta da poesia à filosofia, mas como aquilo que Alcibíades diz que é: uma fala que deverá contar a verdade sobre Sócrates — a verdade de Alcibíades. No entanto, Alcibíades acredita, e não sem razão, que a verdade que ele pode contar não poderá deixar de ser verdade à medida que Sócrates, ali estando, terá o direito de interrompê-lo se perceber algum desvio.

A fala de Alcibíades, como Platão a conta, parece percorrer certos passos da própria fala de Sócrates, funcionando como espécie de sátira do discurso do filósofo. Uma sátira em que Sócrates seria o próprio *daimonion* Eros. Alcibíades não ouviu o discurso de Sócrates, mas, será que precisaria ouvir? Pelo que conta, não! Ele se mostra bem familiarizado com o que Sócrates

---

3. Essa é uma das teses de: Nussbaum, M. *A fragilidade da bondade.* São Paulo: Martins Fontes, 2009. Aproveito vários insights de Nussbaum, mas me oponho a essa tese de Alcibíades representar a "poesia contra a filosofia".

disse quase como se estivesse estado presente. Sendo uma sátira, nada melhor que também alguns personagens sejam sátiros. O próprio Sócrates é um sátiro, na fala de Alcibíades. Trata-se de um Sileno, uma figura que o general diz que se poderia comprar como um *souvenir* em qualquer loja de objeto de Atenas. Sócrates se pareceria com o sátiro Marsias, algo que Alcibíades percebe bem e que também o leitor de Platão não pode negar. No entanto, Alcibíades alerta que a semelhança que ele deseja mostrar não é a física, mas de comportamento. Esse trecho de *O banquete* não é dos menos sujeitos a interpretações variadas. A mais comum é a trivial, a que evoca o platonismo: Alcibíades estaria alertando para a figura de Sócrates como aquele que em sua aparência é exemplo de feiura e que no seu interior, naquilo que seria a sua verdade, apresentaria aos que pudessem dar algum passo na filosofia como sendo o mais belo dos mortais. Essa interpretação não precisa ser descartada, mesmo se optando por outra. Faço isso, uma vez que minha leitura indica um caminho diferente.

Mársias não é um sátiro qualquer. É aquele que toca a flauta e, para alguns, o próprio inventor da flauta. Ele é aquele que encanta pela flauta. O mito a ele relacionado conta que a deusa Atena achou uma flauta e a experimentou, tocando-a à beira do lago. A alegria da deusa, no entanto, durou pouco. Mirando-se no espelho das águas do lago, Atena se viu horrorosa, com as bochechas inflamadas de quem toca um instrumento de sopro. Ficou revoltada com aquele instrumento que a fazia envergonhar-se de seu próprio rosto, então deformado. Abandonou a flauta imediatamente. A flauta foi apanhada por Mársias que a tocou com fantástico esmero e, depois, envaidecendo-se de sua *performance*, desafiou o deus Apolo, duelando com este que, por sua vez, optou pela lira. Apolo o venceu no duelo de *performance* e, para castigá-lo pela insolência de desafiar um deus, amarrou-o e tirou toda a sua pele, deixando-a exposta para que todos a vissem. Sabemos bem que Alcibíades adorava essa história.[4]

Também ele, Alcibíades, não havia gostado de tocar flauta. Dizia que o povo que tocava flauta era tolo, pois assim fazia porque não sabia conversar. Ocupava a boca com o instrumento não por virtude e sim por incompetência. Não se fazia de rogado: dizia que não iria desfigurar seu rosto, de modo a não passar pela vergonha que Atena passou. Sua beleza não poderia ser maculada por nenhum momento. Ora, no mesmo discurso de Alcibíades em *O banquete*, ele diz claramente que Sócrates, que nada é senão o sátiro Mársias, é o único homem que o fez ter vergonha de si mesmo. Ele revela que na presença de Sócrates, recorda-se imediatamente do que ele deveria ser, segundo o filósofo e de acordo com o que ele próprio, Alcibíades, havia querido, e o quanto ele não conseguiu seguir esse caminho traçado. É o sentimento da vergonha, em minha opinião, o ponto de ligação entre Mársias e Sócrates. Mársias foi o patrono daquilo que fez a deusa ter vergonha de si como Sócrates foi o mentor de um Alcibíades que, uma vez tendo falhado, só poderia sentir vergonha diante daquele que apostou nele e o guiou. Além disso, se levarmos em conta que essa relação se deu no interior da pederastia e, mais ainda, no interior da pederastia invertida, como Alcibíades atesta em sua fala, então mais motivos temos para apostar que o ponto de ligação da comparação entre Mársias e Sócrates, por conta de Alcibíades, tem o seu elo na vergonha.

---

4. Sobre Alcibíades vale consultar: Plutarco. *Vidas paralelas. Alcibíades e Coriolano*. São Paulo: Anablume, 2010.

Por essa minha compreensão, Sócrates é caracterizado por Alcibíades como uma espécie de sua consciência. Digamos assim, em uma linguagem freudiana, mas figurativa: Sócrates seria como um superego capaz de, apenas com a presença, provocar um pesar até em um deus. A vergonha de Atena no uso de algo que seria quase um membro do próprio Mársias, pode ser a vergonha de Alcibíades — ele próprio, pelas suas idiossincrasias, um semideus — quando de posse de qualquer discurso, se para discursar tivesse que estar diante de Sócrates ou com ele na memória.

Com esses três episódios sabidos, eu posso voltar agora ao esquema de Arendt.

Por que Arendt, profunda conhecedora de Platão, despreza esses episódios, escolhendo outras alegorias? Parece claro que sua visão é metodológica (aliás, um vício da abordagem da filosofia moderna). As alegorias escolhidas por Arendt, Sócrates como "mosca", "arraia" e "parteiro", ainda que inovem à medida que ela, quanto à última formulação, faça uma utilização a fim de lembrar antes a questão dos términos dos diálogos em aporia que a questão da maiêutica, não são boas para o seu próprio projeto. Dizer que Sócrates é um filósofo que desperta (como mosca) e paralisa (como a arraia), para ao fim agir como quem não tem útero frutífero próprio, não a conduz ao que ela quer mostrar. Isso é tão verdade que ela, depois, se obriga a lançar mão de uma quarta passagem, e esta, por sua vez, sob o comando de Heidegger, que é a passagem de comparação entre Sócrates e o vento, entre o pensamento e o vento. Aliás, ao fazer tal comparação, Arendt acrescenta — o que é bem significativo — que Heidegger só cita Sócrates uma só vez, exatamente para lembrar o pensamento como vento.

Ora, caso Arendt tivesse se aproximado de Sócrates por outro lado, e não pelo seu procedimento metodológico, talvez ela chegasse de pronto ao que desejava chegar, ou seja, ao entendimento do pensamento filosófico como pensamento próprio de Sócrates, o filósofo que, segundo ela — e nisso não há contestação —, fez do seu pensamento comum algo não distante do pensamento filosófico. Sócrates, a todo o momento, caminha segundo a regra de que "uma vida não examinada não vale ser vivida", de modo que ele nunca age por mecanismos reflexos, ele age sempre de modo refletido. A Sócrates não caberia a advertência que poderia caber a todos nós e até mesmo aos grandes filósofos, que é a de agir irrefletidamente em alguns momentos, inclusive os mais decisivos (não caberia ao próprio Heidegger essa advertência, quando de seu namoro com o nazismo?).

Ao perguntar sobre sua natureza e, ao mesmo tempo, a natureza do homem e, enfim, ao revelar-se para Alcibíades como aquele que funciona como uma consciência, ou seja, como uma espécie de grilo falante de um Pinóquio que está longe de ser um boneco de pau, Sócrates atua diante de um indivíduo como o Oráculo o faz atuar diante de Atenas (segundo sua própria interpretação *a posteriori*). Ao fazer um balanço da sua vida, na hora de seu julgamento, Sócrates mostra se enxergar como uma espécie de consciência de Atenas, no sentido de tornar os atenienses menos vítimas da *hybris*[5] que até então. Esse papel de consciência da cidade que, para muitos até hoje, é o melhor papel do filósofo, também é a tarefa que Sócrates representa para Alcibíades: ele é aquele único que torna Alcibíades envergonha-

---

5. Orgulho grego, que pode resvalar para uma ingênua autossuficiência.

do de si mesmo. Ora, após a morte de Sócrates, as homenagens prestadas a ele e o tanto que se escreveu sobre ele, mesmo quando se escreveu contra ele, revela que, mais uma vez, Atenas sentiu vergonha. O papel do pensador nada era senão este: tornar o pensamento algo que é próprio do pensamento: ir contra a irreflexão. Ou sentir vergonha quando se vai contra a irreflexão. Ora, Arendt procurou por todos os cantos alguém que sentisse vergonha pelo nazismo. Não podia encontrar isso nos nazistas. Mas, ao denunciar a fácil reeducação do povo alemão pelos dois lados que os dominaram no pós-guerra, sentiu que a irreflexão ainda pairava ali. Uma nação culta, mas tão facilmente reeducável parecia carecer de uma consciência que lhe servisse de espelho, um espelho que viesse a ser como Mársias, um espelho brincalhão, de circo, daquele tipo que deforma o corpo. Pois às vezes só assim o que é feio se vê como feio. Só assim, com bochechas inchadas artificialmente pela flauta, deuses podem sentir vergonha.

Todavia, Arendt parece que percebe que não consegue realizar seu intento. Ela escreve mais uma parte desse capítulo em que trata do mesmo assunto, mas, então, põe outro título: "dois em um", em que disserta, entre outras coisas, sobre a experiência relatada no *Hippias maior* — e torna claro que sua busca é pela ideia de consciência.

3. Alguém me espera em casa

Não falei toda a verdade sobre Arendt no tópico passado. Pois, afinal, critiquei-a ainda antes de ela chegar ao final, mesmo em se tratando do tópico analisado. Agi dessa maneira para poder encadear melhor minha exposição. Ela chega, sim, a uma conclusão antes mesmo de partir para a ideia do "dois em um", mais conclusiva. Ela chega a um lugar comum: o vento socrático, o pensamento, é o que segue como contínua busca, e esta é a investigação socrática sob a energização de Eros.

Nesse caso, sabemos como tudo se dá: há o melhoramento de amante e amado, na condução da pederastia invertida que se faz no "amor filosófico pelos rapazes". Fora do amor, os homens não se movimentam no sentido de mostrar o seu melhor. Mas amando como quem ama no âmbito do namoro, e não no modo de *ágape*, o amor cristão, cada parceiro quer mostrar o melhor ao outro e, se junto disso, a filosofia intervém como matéria conversacional — o que envolve algo que começa com o belo carnal para ir ao belo como forma, e daí à verdade e ao bem —, então os amantes fazem um pelo outro as homenagens concretas, que podem ser grandes obras culturais, fruto da melhoria de si mesmos em benefício do agrado e da educação do outro. Esse caminho, descrito no *Fedro* (e em *O banquete*, no relato de Diotima), extrapola essa vida, mantendo-se após a morte, na amizade indissolúvel dessas almas, o que favorece até mesmo o término do ciclo de encarnações. É próprio dos filósofos amorosos encerrarem os ciclos de reencarnações antes mesmo dos dez mil anos necessários a outros casais. Todavia, ainda que tudo isso seja regado por detalhes de Platão, há algo bastante comum a nós modernos que fica insolúvel: semelhante a Sócrates, Platão parece também — diz Arendt — tratar o problema do mal de modo incipiente. Ela diz: "o mal não tem estatuto ontológico" em Platão.

A questão de Arendt é a de encontrar na falta de pensamento, na irreflexão, algum elo com o mal. No entanto, Sócrates lhe dá um recurso parco. Ela diz:

> Ao que parece, a única coisa que Sócrates tinha a dizer sobre a conexão entre o mal e a ausência de pensamento é que as pessoas que não amam a beleza, a justiça e a sabedoria são incapazes de pensar, enquanto que, reciprocamente, aqueles que amam a investigação e, assim, 'fazem filosofia', são incapazes de fazer o mal. (Arendt, op. cit., p. 201)

Ora, se é assim, se é isso que Sócrates fornece, justo ele que pensa e, quando pensa, o faz sempre filosoficamente, fazendo do pensar também o seu pensamento comum, o que se pode aprender com ele? No limite, nada! Ou seja, nada de relevante para o problema de Arendt. É aqui que realmente ela vê necessidade de ir além das alegorias seguidas até então. Ela busca outras afirmações de Sócrates que não aquelas em que ele se descreve de um modo que, a meu ver, para a questão levantada por Arendt, são superficiais, a questão da mosca, da arraia e da parteira.

Caso Arendt tivesse ido pelo meu caminho — que desemboca na vergonha de Alcibíades e da própria cidade de Atenas —, ela teria chegado mais rapidamente e, talvez melhor, no que queria. Seu objetivo é a análise da experiência do pensamento, saltando para algo que ela entende como diferente deste, mas a ele interligado: a consciência. Sendo que o seu próprio caminho se mostra truncado, ela formula nova estratégia. Ela se vê obrigada a dar um salto e ir para o *Górgias*, quase se desconectando do esforço feito, inicialmente, para expor seu entendimento da doutrina socrática.

No *Górgias*, ela encontra novo ponto inicial. Primeiro, salienta uma frase já comentada, que é a ideia de Sócrates de que é "melhor sofrer o mal que cometê-lo". Segundo, toma uma afirmação tão estranha — tanto na época quanto agora — quanto essa primeira, também de Sócrates: 'eu preferiria que minha lira ou um coral por mim dirigido desafinasse e produzisse um ruído desarmônico, e [preferiria] que multidões de homens discordassem de mim do que eu, *sendo um* viesse a entrar em desacordo comigo mesmo e a contradizer-me'.

A primeira expressão socrática contém o centro do problema de Arendt: o pensador não pode praticar o mal, e isso única e exclusivamente por ser um pensador. A segunda expressão dá para ela a pista de como entender a primeira expressão, em especial o alerta que ela vê na expressão "sendo um", que grifa no texto retirado do *Górgias*, e que afirma ser negligenciado por tradutores moderno à medida que estes, exatamente por serem modernos, não compreendem a experiência socrática.

A partir daí, Arendt vê Sócrates, em sua disputa com Cálicles, falando não somente a partir de uma posição subjetiva, contrária à posição subjetiva de Cálicles, ou em uma posição abstrata e mais objetiva, a do cidadão, mas falando a partir de quem é amante do saber. Estando enamorado do saber, Sócrates pode falar o que fala, pois o que ele descobre com sua frase — é preferível sofrer o mal que o praticar — não é um enunciado de cunho moral, mas uma frase que brota da própria experiência do pensar como tal. Para se perceber que assim é o caso, Arendt diz que temos de ligar a primeira frase à segunda. Na segunda frase, Sócrates, para ela, está descobrindo o que, depois, pudemos chamar de consciência.

Mas, o que é a consciência? Qual sua relação com o pensamento?

Quando A = A temos uma identidade. Nesse caso, não há harmonia ou desarmonia consigo mesmo para qualquer A. Mas, Sócrates fala em harmonia e desarmonia consigo mesmo, ainda que ele seja Um. Como é possível que ele, sendo Um, como em uma identidade, possa estar a perigo de ficar em desarmonia consigo mesmo? É que, nesse caso, ele está falando não de uma unidade da identidade de objetos, mas de algo que Sócrates descobre, segundo Arendt, como a "essência do pensamento" — o "dois em um" socrático, "o que Platão traduziu na linguagem conceitual como o diálogo sem som — *eme emauto* — de mim comigo mesmo". Assim, a atividade do pensar não unifica, ela plurifica. Enquanto se está pensando há algo dividido, e este algo só se unifica em Um quando as coisas do mundo interrompem o pensamento. No mundo existente, o pensador é chamado a ser Um. Nesse caso, se é no não pensamento que se é Um, então, como explicar nossa noção de que é no pensamento que estamos sozinhos? Ora, "o pensamento é um estar-só", diz Arendt, "mas não é solidão", pois o "estar só é a situação em que me faço companhia". Arendt (op. cit. p. 2017-18) sintetiza:

> O fato de que o estar-só, enquanto dura a atividade de pensar, transforma a mera consciência de si — que provavelmente compartilhamos com os animais superiores — em uma dualidade é talvez a indicação mais convincente de que os homens existem *essencialmente* no plural. E é essa dualidade do eu comigo mesmo que faz do pensamento uma verdadeira atividade na qual sou ao

mesmo tempo quem pergunta e quem responde. O pensamento pode ser tornar dialético e crítico porque ele se submete a esse processo de perguntas e respostas, ao diálogo do *dialegesthai* o qual é, na verdade, uma "viagem através das palavras" [...] em que constantemente levantamos a pergunta socrática básica: *o que você entende por...*? Só que este *legein*, este dizer, é sem som e, portanto, é tão rápido que sua estrutura dialógica torna-se um tanto difícil de detectar.

Ora, para Sócrates, segundo Arendt, a dualidade do dois-em--um significa apenas que quem quer pensar precisa tomar cuidado para que os parceiros do diálogo sejam amigos. Pois se não são, o diálogo que é o pensamento, e que ocorre como intencional (o que é, então, a consciência), se faz com um parceiro que desperta em nós, do qual não é possível se livrar senão parando de pensar. Assim, fica fácil entender a razão não moral pela qual é melhor sofrer uma injustiça que cometê-la, porque conviver com o sofredor, o injustiçado, é fácil, uma vez que não há o que temer, ou não há do que se envergonhar. Mas, conviver com o injusto é difícil. É difícil conviver com um assassino. Ter de ficar o tempo todo, com o companheiro inseparável, sendo este um assassino, nem mesmo outro assassino suportaria. Arendt descobre no *Hippias maior* o modo pelo qual Sócrates mostra que ele, como pensador, passa por essa situação, enquanto seu interlocutor não passa.

O *Hippias maior* talvez seja um dos diálogos platônicos mais bem-humorados, em que Sócrates emprega sua ironia ao máximo. Seu interlocutor, Hippias, se vê colocado diante de questões tipicamente socráticas. No entanto, Sócrates não diz que essas questões são suas, mas de um certo parceiro "rude", "grosseiro" — uma "praga" diz o filósofo. Hippias se esforça por responder a Sócrates, se confundindo cada vez mais, porque imagina que estará ajudando-o a fechar a boca do tal companheiro de Sócrates, um impertinente.

Hippias é de tal modo ridicularizado, sem se dar conta, que a certa altura Sócrates chega a praticamente mostrar que ele próprio é quem estaria fazendo as questões, à medida que diz que aquele em relação a quem teria mais vergonha de afirmar algo errado seria ele próprio. Ora, antes e depois dessa passagem, Sócrates também afirma passar vergonha diante desse seu companheiro. Nesse caso, esse companheiro de Sócrates nada é senão ele próprio, Sócrates, em seu diálogo interior, seu autoexame, nos termos que Platão definiu o pensamento: a conversa com si mesmo, ainda que sem som. Esse companheiro de Sócrates é seu modo de expor, em seus termos, o que nós modernamente chamaríamos de diálogo consigo mesmo. Essa fantástica capacidade que temos de falar conosco mesmos e, sendo cada um de nós um, sermos dois, pois falamos conosco e, no entanto, respondemos a nós mesmos como se fôssemos outros, como se ao responder estivéssemos falando uma novidade, pois dito não para nós mesmos. E de fato assim ocorre: quando respondemos a nós mesmos, realmente dizemos uma novidade para nós. Isso ocorre porque somos um e, no pensamento, somos dois. Hippias, portanto, está de fato diante do que Sócrates vem pensando ou havia pensado. No final do diálogo, Sócrates mais uma vez revela isso, sem que o estúpido sofista Hippias possa, ainda assim, se dar conta:

> Hippias, meu amigo, é um homem de sorte, porque sabe que atividades um homem deve praticar, e tem recomendado a eles com êxito, como diz. Mas eu volto para a minha sorte doida. Eu

giro e giro e estou sempre emperrado. Quando exponho a você, um homem sábio, o quanto estou emperrado, o que ganho é uns respingos de lama. Você fala justamente, que estou gastando meu tempo em coisas tolas, pequenas e sem importância. Mas quando sou convencido por você e digo o que você diz, que é a coisa mais excelente a ser apresentada em uma boa e refinada fala, em feitos na corte ou em qualquer outra assembleia, ouço insultos daquele homem (entre outros) que sempre está me refutando. Acontece ser ele um parente bem próximo, e ele vive em minha casa. Assim, quando volto para casa, para meu próprio canto, e ele me ouve dizendo aquelas coisas, ele me pergunta se... [...][6]

Arendt comenta esse final lembrando que se Hippias pode voltar tranquilo para casa, esta não é a situação de Sócrates que, ao voltar para casa, volta consigo mesmo, ou seja, volta como quem é o autêntico pensador, o que pensa em sentido filosófico e, portanto, volta em uma situação de dupla. Volta na condição denunciada por Alcibíades em relação a si mesmo diante de Sócrates: envergonhado. Ora, Sócrates diante de Sócrates, ou seja, Sócrates pensando, filosofando, também sente vergonha. O pensamento é a reflexão, é a tomada de consciência e esta, então, denuncia ao pensador algo terrível: que ele próprio não encontrou um apaziguamento em sua consciência. Essa denúncia tem como fruto o sentir-se envergonhado. Nessas condições, o pensador ainda não está em condições de ficar com o seu outro em sua própria casa, em harmonia.

A maneira como Arendt expõe essa situação é bela, sucinta e paradigmática:

---

6. Ver Plato, Greater Hippias. In: Cooper, J.; Hutchinson, D. S. *Plato Complete Works*. Indianapolis/Cambridge: Hackett Publishing Company, 1997. p. 921

quando Hippias volta para casa, ele permanece um, pois, embora viva só, não busca fazer-se companhia. Não é certamente, que perca a consciência, só que ele não costuma exercitá-la. Quando Sócrates vai para casa, ele não está solitário, *está junto* de si mesmo. Evidentemente Sócrates tem que entrar em alguma espécie de acordo com o sujeito que o espera, já que eles vivem sob o mesmo teto. É melhor se desavir com o mundo todo do que com a aquela única pessoa com quem se é forçado a viver após ter-se despedido de todas as companhias.[7]

A partir daí Arendt chama Aristóteles para lembrar como essa reciprocidade pedida no pensamento ganha uma dimensão bem peculiar e característica — que é também um caminho de interpretação de alguns no *Alcibíades I*, quando de uma situação semelhante, que é a da relação metafórica entre olho e espelho. Na continuidade, Arendt lembra que Aristóteles, falando da amizade, lembra que "o amigo é um outro eu". Então, "pode-se, com ele, empreender o diálogo do pensamento como se faz consigo mesmo". Mas "Sócrates diria: também o eu pede uma espécie de amigo". Aqui, o fio condutor é a amizade e não a individualidade: é da conversa com os outros que percebo que posso conversar, como faço com eles, comigo mesmo, desdobrando-me em dois ao mesmo tempo em que sou um, em uma identidade peculiar, uma identidade *idem*, não uma identidade entre as coisas, que é uma identidade *ipse*, se pudermos utilizar aqui a terminologia de Paul Ricoeur.

---

7. Arendt, op. cit., p. 211.

9

O cão e o lobo
ou
Da falsidade

Estamos bem acostumados à desconfiança. Acreditamos que não só os políticos têm a função de mentir, mas que da propaganda aos nossos pais a escala de mentiras pode variar do máximo para o mínimo, mas nunca chegar a zero. Para viver, temos mais crenças verdadeiras que falsas. Caso contrário nós não conseguiríamos sair de casa. Talvez sequer tirar os pés da cama, para começar o dia. No entanto, nossa imagem do mundo e de como vivemos não é essa. Nossa crença em tudo ou quase tudo não nos faz achar que vivemos com mais verdades que mentiras. Estamos sempre acreditando que não é à toa que para mentir basta qualquer um, mas para ter a verdade é necessário bons livros, boas universidades, pesquisas sérias em laboratórios de primeira e *experts* em assuntos diversos.

Nos dias de hoje, a mentira e o falso estão muito mais na moda. A mentira seria o comum de nossas vidas; já a verdade sempre sairia do casulo por algum esforço nosso.

Sempre pensamos assim? Não, essa nossa forma de ver as coisas é tipicamente moderna. O pensamento ocidental clássico, o da Grécia antiga, nesse quesito esteve no lado oposto ao nosso. Os gregos achavam que se vivia segundo crenças verdadeiras e que o discurso falso talvez fosse até mesmo impossível.

Foi esse tema que esteve na base da revolução de Platão.

Em seu tempo, Platão enfrentou dois tipos de tendências da *paideia*. De um lado, a fala da verdade contada pela autoridade, o mito. De outro, a fala da verdade por acordo, a obtida nas assembleias. A primeira tinha a ver com a educação popular, a educação dada pelos poemas cantados pelos rapsodos. A segunda tinha a ver com as elites preparadas retoricamente para a conversa política na *Agora*. Platão aparece nesse contexto como o homem de uma terceira e nova narrativa. Foi com ele que a educação poderia sair desses dois paradigmas e, então, tornar-se educação filosófica.

Contra a verdade avalizada pela autoridade, própria da cultura homérica, e a verdade legitimada pela capacidade de cada um, carro-chefe da cultura sofística, Platão *inventou* a filosofia como a voz do *logos*, o que seria a efetiva verdade. A filosofia seria a chance da reposição, ao menos para alguns, de uma terra originária onde jamais vingou a separação entre palavras e coisas.

Nem a tradição nem a democracia seriam satisfatórias. Ambas alimentariam antes o favorecimento da injustiça que as possibilidades de instauração da cidade justa. A verdade da autoridade, o mito, traria a injustiça pela via do autoritarismo. A verdade posta pela "perspectiva de cada um", a via da retórica, traria a injustiça pela emergência de um novo autoritarismo — o das assembleias. Platão propôs uma dupla subversão: diante do canto mítico e frente ao "bem falar", só a terceira via — a da filosofia — poderia trazer ganho para o grego. Ambas as vias não filosóficas estariam aquém de dizer *o que as coisas são* e, portanto, reinariam em favor antes da aparência que da realidade. A filosofia, diferentemente, seria o reencontro com a realidade.

Platão se insurgiu, contra esses poderes, o mito e a retórica. Todavia, o inimigo maior, ao menos em termos técnicos, era aquele cujos procedimentos mais poderiam parecer como próximo da atividade do filósofo, a saber, a ação do sofista. Platão nunca negou a semelhança entre o filósofo e o sofista. Ele desenhou tal semelhança como aquela entre o cão e o lobo. O animal mais amigo, o cão, poderia ser confundido exatamente com o mais matreiro e feroz, o lobo. Distinguir o cão do lobo, o filósofo do sofista, exigiu de Platão — como ele próprio declarou — uma atividade analítica cuidadosa, um trabalho técnico rigoroso no sentido de bem caracterizar o sofista. Afinal, escrevendo após a morte de Sócrates, ele acreditava ter essa dívida com o mestre morto. Sócrates foi confundido em vida com os sofistas. Muito provavelmente isso voltou a ocorrer após sua morte, quando então Platão resolveu tomar uma atitude sobre o assunto.

A ideia básica da metáfora platônica era a de que a amizade (ou o amor) exibida pelo cão, ou seja, pelo filósofo, não deveria ser confundida com a falsa amizade (ao saber) própria do lobo, ou seja, do sofista.

No livro de nome *O sofista*, Platão procurou delimitar corretamente o que seria a tarefa do sofista de modo a tornar claro que não se tratava da atividade do filósofo. Ambos lidam com um tipo de método de conversação, mas, enquanto o filósofo fala a verdade das coisas, o sofista faz a aparência se mostrar como o verdadeiro, embora efetivamente não seja o verdadeiro. É exatamente neste ponto que surgiram as dificuldades que, enfim,

conduziram Platão a ter de enfrentar aquilo que até então parecia ser intocável, a doutrina de Parmênides.

Qual foi a dificuldade encontrada?

O problema de Platão no trajeto de caracterização do sofista,
como está no seu diálogo com esse nome, é o da possibilidade ou
não de afirmar o falso. Uma afirmação, para ser uma afirmação,
tem de dizer alguma coisa, isto é, deve haver alguma coisa que
é dito por ela. Ora, mas no âmbito da conversação grega, tanto
ordinária quanto a dos filósofos, a afirmação falsa é uma que diz
o que não é. Todavia, o que não é não pode aparecer como alguma coisa que há para ser dita, pois se assim ocorre o que não é
surgiria como o que é. Daí que, nessa linha, nada há a ser dito
por uma afirmação falsa. Ora, nesse caso, a afirmação fracassa
como afirmação. Assim, parece que não pode haver nenhuma
afirmação falsa. Ora, se há um problema sobre a possibilidade da
afirmação falsa, então, há também um problema sobre a possibilidade de crenças falsas. Isto é, haveria como ter crenças falsas.

A impossibilidade da existência de afirmações falsas e de
crenças falsas, nesse caso, alimentaria a própria sofística. O sofista Protágoras havia afirmado que "o homem é a medida de todas
as coisas" e, com isso, tinha lançado ao mar grego o anzol do
relativismo. Cada homem, ele próprio, seria a régua para medir
a verdade — sua verdade. Todavia, isso não deveria preocupar
ninguém, uma vez que, o falso seria impronunciável e não credí-
vel. Não haveria razão de não admitir, para cada crença, então,
que ela não seria verdadeira — cada homem, expondo o que
acredita, expõe a verdade. Protágoras teria dado aval para a ideia
de que tudo é verdadeiro. Notar a impossibilidade de afirmações
falsas nada seria senão ter de dar a mão à palmatória do sofista.

O problema de poder ou não afirmar o falso foi enfrentado por Platão em *O sofista*. Como ele agiu?

Em *O sofista*, Platão expôs uma conversa entre o Estrangeiro de Eleia, o jovem Teeteto, e Sócrates. Este último é apenas um expectador, de modo que quem encaminha a pesquisa requisitada é o Estrangeiro. Sua tarefa é assumida como alguma coisa que poderia parecer um "parricídio", ou seja, a negação do maior filósofo de Eleia, Parmênides. Por quê? Exatamente porque a doutrina parmenídica é a que nega qualquer estatuto ontológico ao falso, exatamente aquilo que se deve admitir como sendo possível de afirmar, uma vez que há de se considerar o que é efetivamente feito em nossa linguagem (nós, de fato, afirmamos o falso). Além disso, trata-se de se livrar de conclusões sofísticas do tipo da que diz que tudo é verdadeiro, também baseada na ideia de que o falso não seria possível de ser afirmado.

O argumento do Estrangeiro tem como ponto de partida cinco gêneros ou formas: ser, movimento, repouso, o mesmo e a diferença. Destacando o movimento, diz que este é diferente do repouso, do mesmo, do diferente e do ser. Isso equivale a dizer que o movimento não é o repouso, não é o mesmo, não é o diferente e não é o ser. Infere-se então que o não-ser é, e isso tanto para o caso do movimento quanto para todos os outros, exceto, é claro, o próprio não-ser. Desse modo o não-ser, enfim, pode ser perfeitamente aplicado a alguma coisa, de modo correto.

O que o Estrangeiro mostra, ao longo do argumento de *O Sofista*, é que, independentemente do que pode ser o não-ser, quando nós falamos do não-ser nós não falamos de algo contrário ao ser, mas somente de alguma coisa que é diferente. Esse diferente é aquilo que é denominado na linguagem de "o que parece".

Desse modo, não há o problema na distinção entre o verdadeiro e o falso enquanto baseada na distinção entre ser e não-ser ou, nesse caso, entre ser e parecer. O parecer ganha estatuto ontológico. Ou seja, o raciocínio é o seguinte: se o falso é dizer as coisas que não são e, no entanto, é possível assim dizer, como de fato fazemos cotidianamente, então temos de admitir que também o não-ser existe. O não-ser é ou existe como o que "é diferente de". O falso é o que existe como aquilo que *parece* verdadeiro e, no entanto, *não é* verdadeiro, mesmo *sendo* realmente.

A frase de Protágoras "o homem é a medida de todas as coisas" que, enfim, o levou a concluir que "tudo é verdadeiro", uma vez que o critério da verdade é cada um que afirma o que efetivamente afirma como verdade, uma vez submetida ao que disse o Estrangeiro, cairia por terra. Com isso, também a escola filosófica rival da Academia, a de Antístenes o cínico, que dizia que ninguém poderia contradizer alguém uma vez que afirmar o falso seria impossível, levou a sua estocada platônica. Eis que o cão estaria posto à parte do lobo.

Foi assim que Platão libertou, no mundo filosófico antigo, o dizer o falso. Mas isso não significou nem um pouco que o dizer o próprio falso se fez de importante. Não. Somente mesmo com uma mudança radical de visão de mundo, com o cristianismo e com a doutrina da Queda do Paraíso, passamos a nos ver como aqueles que estão no pecado, no erro. Só assim, mais tarde, abrimos a modernidade como a época em que a coisa mais fácil de se fazer é falar o falso, dizer mentiras ou viver imerso em um mundo de mentiras. Platão jamais entenderia um mundo assim, como o nosso, em que todos somos crápulas por natureza e só com muito esforço cotidiano falamos alguma verdade.

10

Do "conhece-te a ti mesmo" ao amor de cegonha

1. "Conhece-te a ti mesmo"

Talvez não exista outra frase da filosofia mais citada entre os leigos que "conhece-te a ti mesmo". É também, creio eu, uma das mais mal compreendidas.

O "conhece-te a ti mesmo" é a primeira de outras cinco frases inscritas[1] no Templo de Apolo, no Santuário de Delfos. Sócrates era devoto do que chamava de "o deus do Templo" e, como ele mesmo afirmou, passou a filosofar de seu modo característico, pelo qual se tornou conhecido em Atenas, segundo uma missão divina.[2] O adágio "conhece-te a ti mesmo" foi assumido por ele como uma diretriz que deveria ser compreendida e seguida. Segui-la seria uma maneira de tentar saber o que é que se sabe e o que é que não se sabe. Afinal, nada mais útil para quem deseja se educar e se cuidar — um dos propósitos de Sócrates — que saber o que é para ser educado em

---

1. Reeves, C. D. C. *An essay on Plato's Apology of Sócrates*. Indianapolis/Cambridge: Hackett Publishing Company, 1989, p. 30.

2. Ibidem, p. 22, § 23.

si mesmo e o que é para ser cuidado quando se cuida do si mesmo. Do contrário, pode-se gastar tempo na dedicação de algo que, em cada um, não é o mais importante.

Assim, a expressão "conhece-te a ti mesmo" tornou-se o lema da filosofia socrática. O erro na compreensão dessa frase é fácil de denunciar. Basta dizer que quem pensa que se trata de uma frase que leva à introspecção, ao exame interno de si por meio de si mesmo, passa por fora do mundo de Sócrates e do mundo grego clássico.

É fácil apontar esse erro, aliás, bastante comum. Todavia, expor o que há em torno dele de modo a tornar claro o que é que está envolvido com a expressão "conhece-te a ti mesmo" não é tão simples.

Estamos imersos na cultura moderna, pós-cartesiana e pós--freudiana. Uma cultura que privilegia a introspecção. Nessa cultura, toda vez que alguém pronuncia algo como "conhece-te a ti mesmo" imediatamente imaginamos alguém meditando, como Descartes, descobrindo o pensar — o *Cogito* — por meio do pensar sobre si mesmo. Tomamos como não problemática a operação de um *eu* que se volta para *si mesmo* e ouve deste as certezas que podem ser qualificadas como "claras e distintas", as evidências. Eis a ideia aí embutida: há um eu, algo substancial, que tem acesso privilegiado ao que é uma sua atividade, o pensar. Ou então, de modo contemporâneo, o eu é apresentado dividido em "consciente" e "inconsciente", e vamos ao psicanalista para que ele nos ensine técnicas segundo as quais poderemos fazer com que a parte do eu que é consciente fique sabendo o que é que se escondeu na parte inconsciente. Assim agindo, novamente nos vemos como tendo acesso ao que seriam os nossos pensamentos mais recônditos.

Em nossos tempos, para os iniciados na filosofia acadêmica, essa via, a da introspecção, é relativamente questionada. Foi posta na berlinda por toda uma tradição desenvolvida desde Hume, e que, ao longo do século XX, viu em Wittgenstein um de seus principais coveiros, principalmente quanto à noção de "acesso privilegiado" ao mental. No entanto, no âmbito mais popular, mesmo que escolarizado, Wittgenstein não é um autor conhecido e, portanto, não ajuda quanto a uma desconfiança em relação à expressão "conhece-te a ti mesmo" assumida de modo introspectivo.

Por que não é proveitoso tratar o adágio "conhece-te a ti mesmo" por meio de nossos paradigmas mais ou menos cartesianos e freudianos, típicos de nossa cultura atual?

As explicações filosóficas para tal questão nem sempre ajudam. Não raro, elas também estão tão amarradas à cultura tipicamente moderna, ao tentar explicar o que poderia ser chamado de erro do anacronismo, que criam novas confusões uma vez que seus vocabulários estão atados à modernidade.

Durante um bom tempo procurei nos helenistas e filósofos mais envolvidos com o trabalho em história da filosofia uma formulação que pudesse escapar das interpretações pouco convincentes do "conhece-te a ti mesmo". Nessa perambulação, encontrei o *insight* do filósofo e helenista Christopher Gill, que me pareceu bastante razoável. Até porque ele me mostrou uma possibilidade que estava bem debaixo do meu nariz, ou seja, fazer o que eu queria fazer a partir de leituras inspiradas em Donald Davidson e afins.[3]

---

3. Gill, C. Model of the self. *Greek thought* — Greece & Rome, New Surveys in the Classics, n. 25, p. 8. Cambridge: Cambridge University Press/The Classical Association, 1995.

Gill não fez outra coisa senão mostrar que não deveríamos olhar o mundo antigo com olhos pós-cartesianos e modernos e, sim, com olhos ainda mais contemporâneos. No meu jargão exagerado: não teríamos de ser menos anacrônicos e, sim, mais anacrônicos. Em vez de lermos os antigos pela via de quem fala a partir da "perspectiva da primeira pessoa", como é o caso consagrado pela filosofia moderna, deveríamos lê-los segundo a "perspectiva da terceira pessoa", que é a maneira como boa parte dos filósofos contemporâneos faz filosofia, em especial os que tratam de filosofia da mente e que são chamados de "externalistas".[4] É complicado entender isso? Não! Explico abaixo essas duas perspectivas.

Em filosofia da mente, a perspectiva da primeira pessoa é aquela consagrada por Descartes, particularmente nas *Meditações metafísicas*. Descartes expressa uma narrativa sobre o mundo a partir de si mesmo, em introspecção. Acessa seu pensamento ou seus estados internos, mentais, por meio de uma ação de seu pensamento. Feito isso, e só a partir daí e da certeza que obtém quanto a estar existindo (existindo como pensamento à medida que pensa), inicia descrições do que seria alheio ao seu pensamento, o que estaria além do Cogito. Então, finalmente, por dedução, passa a elaborar toda uma cadeia de silogismos que, levada adiante, lhe daria outras verdades, o que possibilitaria uma descrição do mundo. Desse modo, Descartes acredita nunca poder errar, pois ele tem como ponto de partida uma certeza evidente — o eu sou à medida que penso; eis aí a chamada

---

4. Ver: Gutemplan, S. Externalism/internalism. In: *Companhion to philosophy of mind*. Malden-Massachussetts: Blackwell, 1997. p. 289-30.

"certeza do cogito" — e dessa certeza tira outras verdades por raciocínio. Nada é descoberto por empiria, que poderia trazer o erro. Nem por indução, que, sabemos bem, nada garante. Tudo é obtido pela intuição intelectual primeira — penso, sou — e em seguida por uma cadeia de razões.

A filosofia moderna fez desse procedimento o padrão de investigação do que poderia ser efetivamente filosófico. Mas a ciência, sabemos bem, nunca seguiu esse caminho. A ciência não faz introspecção, ela ignora o eu pensante e admite o que seria, para a filosofia cartesiana, um ponto cego no pensamento sobre o mundo. A ciência começa sua descrição, sua narrativa sobre o mundo, a partir do mundo. Em outras palavras: a ciência assume a perspectiva da terceira pessoa, aquela que observa o mundo e, portanto, a interação entre dois outros eus que estão no mundo.

Para a perspectiva da primeira pessoa, o que esse terceiro elemento faz, o observador ou narrador científico, são conjecturas. Trata os dois eus em interação imputando a eles processos seus, da primeira pessoa, obtidos por introspecção. Mas, para aquele que atua na perspectiva da terceira pessoa, essa imputação não é obrigatória, é opcional. Ele acredita que pode afirmar uma série de verdades interessantes a respeito dos dois eus que observa, sem qualquer imputação. A observação e a descrição do comportamento deles, verbal e mecânico, inseridos num meio também observável, daria tudo o que seria necessário para saber o que são e como são. Esse tipo de perspectiva não é somente a das ciências, mas é advogada, ao menos do modo aqui posto, também pela filosofia — a filosofia contemporânea. De certo modo, em filosofia da mente, para alguns, indica um procedimento que está em oposição à perspectiva da primeira pessoa e deve substituí-lo.[5]

Há uma longa discussão sobre a validade dessas perspectivas. O advogado da perspectiva da primeira pessoa diz que o problema daquele que atua na perspectiva da terceira pessoa é que ele terá ou de deixar vazio o campo interno dos eus que observa ou, então, dizer que pode ter algum pretenso conhecimento deles, mas somente conjectural e obtido da seguinte maneira: a partir do que sabe de si mesmo por meio de uma introspecção, tem então de tentar fazer imputações aos dois eus observados. Ora, diz o advogado da perspectiva da primeira pessoa: se é assim, melhor que imputações, então, seria ouvir o relato dos observados, feitos em primeira pessoa. Eles, os observados, ao falar, revelariam suas intenções, crenças e desejos espontaneamente. Entrariam na descrição não por uma perspectiva de terceira pessoa e, sim, através de mais duas narrativas construídas a partir da primeira pessoa.

O advogado da perspectiva da terceira pessoa, na herança da crítica à possibilidade da linguagem privada (crítica esta levada adiante por Wittgenstein[6]) afirma que quem utiliza a perspectiva da primeira pessoa está de posse de uma ilusão de certeza, não certeza propriamente dita. Isso porque ninguém pode provar que a linguagem com a qual pensa, que Davidson e outros chamam de "mentalês"[7], efetivamente existe. Para provar a existência de um "mentalês" teríamos de nos lembrar de como usávamos essa

---

5. Um texto rápido sobre os problemas da perspectiva da primeira pessoa: Kenny, A. *The self*. Milwakee: Marquette University Press, 1988.

6. Ver: Faustino, S. *Wittgenstein: o eu e sua gramática*. São Paulo: Ática, 1995.

7. Ver Ghiraldelli Jr., P. *Introdução à filosofia de Donald Davidson*. Rio de Janeiro: Multifoco e Luminária, 2010.

linguagem, sobre a qual teríamos tido posse antes de adquirirmos a linguagem atual, que seria a linguagem social. Mas isso, evidentemente, não parece estar ao nosso alcance. Ou então teríamos de adotar uma tese inatista, segundo a qual nós somos aqueles que nascem com estruturas já prontas para se transformarem em sintaxe, semântica e protopragmática, que é o necessário para se ter uma linguagem. Não creio que hoje em dia, além de Noan Chomsky e alguns de seus seguidores, haveria alguém disposto a tomar sem ressalvas esse caminho, que um dia já foi muito aclamado. Assim, a perspectiva da terceira pessoa, tão comum ao homem de ciência que, afinal, nunca problematizou esse seu procedimento metodológico, foi incorporada à filosofia contemporânea, especialmente no campo da filosofia da mente (isso não quer dizer que tenham cessado os debates entre "internalistas" e "externalistas").

O mérito de Christopher Gill, que não é pequeno, é trazer essa dualidade metodológica para fora do campo da filosofia da mente e aplicá-la à história e à filosofia. Gill percebeu que, abandonando o modelo que lida com a observação de nós mesmos considerando a subjetividade tipicamente moderna como a subjetividade *par excellence* e adotando outros modelos de observação, há boas chances de ganharmos uma maior compreensão dos textos antigos. Esses textos parecem que se tornam mais compreensíveis se os vermos como narrativas que adotam algo semelhante à perspectiva da terceira pessoa. Em outras palavras, Gil fez algo como uma opção pela via do externalismo como sendo o modelo mais próximo do procedimento próprio dos gregos antigos, tomando o internalismo como alguma coisa mais estranha ao mundo antigo, e também não necessariamente como um estágio para o internalismo.

Christopher Gill testa essa sua hipótese no mundo do helenismo tardio. Todavia, uma de suas melhores e mais esclarecedoras aplicações emerge na sua leitura do *Alcibíades I*.[8] Isso porque esse livro é responsável por uma boa controvérsia. Para vários *scholars* e filósofos, inclusive e talvez principalmente Foucault, mas não Gill, esse livro foi lido como o que daria mostras de um novo vocabulário. Esse novo vocabulário seria o de um Platão (se ele é mesmo seu autor) iniciador de um movimento que culminaria com os estoicos e, depois, com Santo Agostinho e os modernos, o movimento do surgimento da subjetividade moderna, sendo esta nada mais que a própria perspectiva da primeira pessoa.

O que faço daqui para diante é ler o *Alcibíades I* ao meu modo, endossando o *insight* de Gill, mas não necessariamente acompanhando todas as suas teses. Penso que posso ir mais adiante que Gill, radicalizando algumas de suas conclusões no seu debate com uma gama de outros helenistas e filósofos.

2. O mesmo em si e o si mesmo

Na literatura mais recente a respeito do *Alcibíades*[9], a controvérsia sobre a autoria da obra[10] perde fôlego para duas outras questões bem mais estimulantes que, inclusive, estão relacionadas.

---

8. Gill, C. *The structured self in Helenistic e Roman thought*. Oxford: Oxford University Press, 2006. Ver também: Gill, C. Self-knowledge in Plato's Alcibiades. In: Stern-Gillet, S. and Corrigan, K. *Reading Ancient Texts*. Essays in Honour of Denis O'Brien. Leiden: Brill, 2007. 2 v.

9. Daqui para diante, apenas *Alcibíades*.

10. O interessado no assunto da autoria pode iniciar as pesquisas com: Bluck, R. R. The origens of Great Alcibiades. *The Classical Quarterly*, v. 1, 3, n. 1/2, p. 46-52, 1953. Disponível em: <http://www.jstor.org/stable/637160>. Acesso em:

A primeira diz respeito aos parágrafos 129 e 130, nos quais aparece, respectivamente, a formulação *auto to auto* (αὐτό τό αὐτό) e a formulação *auton hekaston* (αὐτό ἕκαστον). Há uma polêmica sobre a tradução dessas expressões. Tal debate não se circunscreve a questões exclusivas de melhor adaptação do texto às línguas modernas, embora também tenha peso sobre isso. Trata-se de uma questão que diz respeito, diretamente, à interpretação sobre se há ou não novidade linguística em Platão,[11] que encaminharia para uma alusão a um tratamento do eu que daria margem para se pensar em uma evolução para o eu estoico e, enfim, para a subjetividade moderna — tese tornada famosa por Foucault.

A segunda diz respeito aos parágrafos 132 e 133, onde se situa uma tentativa de entender o que diz o "conhece-te a ti mesmo" como necessário ao "cuidado de si" ou autoaprimoramento, na base de uma analogia entre a virtude do olho e o que seria a virtude da alma. A historiografia sobre o assunto não é pequena e destaco, é claro, a própria visão de Christopher Gill, tendo na *quase* oposição a visão de Jacques Brunschwig, que o próprio Gill leva em grande consideração. No que segue, trabalho esses problemas.

Começo com uma brevíssima descrição do *Alcibíades I*.

O *Alcibíades* é um diálogo entre Sócrates e o jovem Alcibíades. Sócrates se apresenta de um modo bem semelhante ao Sócrates dos primeiros diálogos platônicos, os chamados "diálogos aporéticos". Ele insere Alcibíades na pederastia filosófica, em um contexto específico, que é a tentativa de colaborar com o

---

11. Vamos admitir aqui, para efeito de simplificação, que o autor é Platão. Caso não seja Platão, penso que é um bom filósofo da Academia. Para o assunto em questão, a autoria do texto importa menos.

jovem para que este possa entrar na política, mas bem preparado. O moço quer se tornar um estadista, ou ao menos é o que agora, saído da condição de efebo, parece desejar. Na continuidade do diálogo, Alcibíades é demovido de sua condição altiva, de quem imagina saber o que tinha de saber para ser um bom político, ou seja, estar de posse do conhecimento da justiça. Então, Sócrates e ele, a convite do primeiro, procuram seguir o preceito délfico, "conhece-te a ti mesmo". Buscam saber o que são para, assim fazendo, tenham clareza do que é, enfim, que devem aprimorar. Só sabendo o que efetivamente são eles poderão "cuidar de si mesmos" sem equívocos. Não sabendo o que são — alerta Sócrates —, eles poderiam cuidar de outra coisa que não eles mesmos, no sentido do aprimoramento que precisam.

É nesse contexto que emergem os problemas aludidos nos quatro parágrafos citados anteriormente. Isso porque o texto mostra a preocupação de Sócrates, na leitura do "conhece-te a ti mesmo", em dois níveis de profundidade: uma coisa é saber o que são e outra coisa é saber quem eles são. *O que são* remete a algo que se pode chamar de essência, o que seria comum, *quem são* aponta para o que eles mesmos são individualmente, pessoalmente, digamos assim.

Eis os dois parágrafos iniciais, em que aparece o contraste entre *auto to auto*, que coloco em português como "o mesmo, em si mesmo", e *auton hekaston*, que coloco como "cada mesmo individual".[12]

---

12. Nos parágrafos do *Alcibíades* que coloco em destaque, aqui e mais adiante, o texto grego que utilizei é o mesmo comumente utilizado pelos americanos e ingleses. No caso, usei da versão apresentada por Nicholas Denyer: Plato. *Alcibíades*. Cambridge: Cambridge University Press, 2001. Não pude seguir a tradução de Hutchinson, que

Alc. §129b:

"Sócrates: Diga-me, como podemos descobrir o que é o mesmo, em si mesmo (*auto to auto* (αὐτό τό αὐτό))? Talvez este seja o modo de descobrir o que nós mesmos poderíamos ser — talvez o único modo possível."

Alc. § 130d

"Sócrates: O que mencionamos justamente agora pouco, que primeiro deveríamos considerar o que é o mesmo, em si mesmo. No entanto, o que temos considerado é o que é cada mesmo individual (*auton hekaston* (αὐτό ἕκαστον)) ao invés do que é o mesmo em si. Talvez isso seja o suficiente para nós, pois certamente nada tem mais autoridade sobre nós do que a alma, não concorda?"

Como se pode notar, o contraste é entre o que colocamos como "o mesmo, em si mesmo" (§129b) e "cada mesmo individual" (§130d). O que ocorre aqui? Bem, o problema aqui é que pode haver a tendência de se pensar no "mesmo" como um "eu", como um elemento de identidade, mas exclusivamente assumido por um viés moderno, ou seja, um eu no sentido atual de *self*.[13] No entanto, vale reiterar o aviso de Nicholas Denyer,[14] para o

---

utilizo para o resto deste meu artigo, nem mesmo outras, como as clássicas apresentadas por W. R. M. Lamb e Benjamin Jowett, obviamente porque elas, de alguma forma, optam por formulações distintas da minha proposta que, enfim, segue a nota de Denyer — exatamente uma nota que aparece para evitar qualquer ligação de *auto to auto* com o "self" ou equivalentes, ou seja, os elementos linguísticos que podem atrair a visão moderna, como visão hegemônica a respeito da subjetividade.

13. O conceito de eu moderno, de *self*, que implica autorreflexão, não depende só de Descartes, mas também de Locke. Um bom artigo sobre isso, que aponta para problemas do eu moderno, está em: Cavell, M. *Becoming a subject*. Oxford: Clarendon Press — Oxford University Press, 2007. p. 83-94.

14. Denyer, N. In: Plato. *Alcibíades*. Cambridge: Cambridge University Press, 2001, nota 83.

qual Christopher Gill fica atento, quanto a αὐτό τό αὐτό. O que ele lembra, com bastante propriedade, é que αὐτό τό é a característica comum a todos os casos em que podemos aplicar corretamente alguma parte da palavra αὐτός, exatamente como em "o grande em si mesmo", αὐτό τό mega (*auto to mega*). Denyer não se esquece, é claro, de lembrar que isso, no contexto da literatura filosófica, são as chamadas Formas. Ou seja, Forma como *Eîdos* ou *Idea*, num sentido de algo substancial ou absoluto, na teoria platônica. Ele enfatiza que não há razão para se pensar que essa palavra, αὐτός, seja a contrapartida do moderno uso de "si mesmo" ou "si" ou "self", quando se utilizam tais palavras para significar "um permanente sujeito de sucessivos e variantes estados mentais e consciência".[15]

Complemento essa observação de Denyer lembrando a distinção de Paul Ricoeur[16] entre a identidade *idem* e a identidade *ipse*, ou seja, as versões do latim para o grego τό αὐτό e αὐτός. A identidade *idem* aponta para o mesmo em si e a identidade *ipse* para o si mesmo.[17] Esta segunda identidade, a identidade *ipse*, é atinente ao individual; no caso do texto em questão, ao que se descobre como o si mesmo do homem, sua alma — sua individualidade, diríamos. O homem é sua alma — é a esta conclusão que Sócrates conduz Alcibíades, exatamente no que se discute entre os parágrafos aludidos, o 129b e o 130d. A primeira identidade, a identidade *idem*, então, é atinente ao comum em todas as coisas, o que todas as coisas compartilham; o que alguns diriam

---

15. Denyer. Ibidem.

16. Ricoeur, P. *O si-mesmo como um outro*. Campinas: Papirus, 1991. p. 11-5.

17. A identidade *idem* é a "mesmidade". Algo é igual a si mesmo: A = A. A identidade *ipse*, ou a "ipseidade", é o que falamos, por exemplo, sobre nós mesmos, quando dizemos: "eu sou eu". Trata-se aí da "si mesmo", que é uma forma reflexiva.

(como o próprio Christopher Gill faz), o que é essencial (ou substancial).

O que Sócrates faz no § 130d é lembrar que, pouco tempo antes, no § 129b, eles haviam se proposto a buscar algo essencial neles, para saber o que eram, no sentido de responder bem ao "conhece-te a ti mesmo". Todavia, acabaram por encontrar algo de cada um propriamente, ou seja, a alma. Todos os homens são suas almas, mas a alma de cada homem — e há de se atentar para a palavra alma em grego, *psyché* — precisa ser diferente ou, enfim, ter partes diferentes, uma vez que cada homem é diferente em sua personalidade, inteligência etc. A alma é o *si mesmo*, mas, inicialmente, o que Sócrates queria perseguir era o *mesmo em si*. Ele deveria fazer mais investigações, mas cede, acreditando que, ao menos no homem, o "si mesmo" pode se mostrar como um suficiente "mesmo em si". Repito o que Sócrates diz no § 130: "Talvez isso seja o suficiente para nós, pois certamente nada tem mais autoridade sobre nós do que a alma, não concorda?"

Essas observações são necessárias (e também nisso minhas ideias não diferem tanto das de Christopher Gill), para que não venhamos a imputar ao modo grego de conversar maneiras que lembram a nossa era pós-cartesiana, que tende a ver qualquer uso do "si" ou do "si mesmo" (*self*) como alguma coisa da ordem interna, ou seja, algo já de antemão coligado à perspectiva da primeira pessoa — a subjetividade como subjetividade moderna. Há uma longa polêmica sobre esse trecho.[18] Aqui, escolho em tal

---

18. Alguns autores obrigatórios quanto ao assunto: Annas, J. Self-knowledge. In: Early Plato. *Platonic investigation*, n. 13, p. 11-138, 1985; Allen, R. E. Note on Alcibíades I, 129b1. *The American Journal of Philology*. v. 83, n. 2, p. 187-90, 1962; Johnson, D. M. God as the true self: Plato's *Alcibiades I. Ancient Philosophy*, n. 19, p. 1-19, 1999. Goldin,

polêmica os elementos relevantes para o encaminhamento da minha leitura e do que quero fornecer ao leitor a respeito do "conhece-te a ti mesmo".

Julia Annas age corretamente ao insistir que o trecho faz-nos manter a leitura do "conhece-te a ti mesmo" sem qualquer vínculo com a introspecção. Ela frisa, inclusive, o papel de *auto to auto* como sendo o que Platão usa para Forma. Todavia, enquanto Denyer apenas alude à questão das Formas, mas não toma partido sobre se o trecho realmente insere no diálogo a Teoria das Formas, Annas é claramente partidária e posicionada. Para ela, não está em questão no *Alcibíades* a Teoria das Formas.[19] Todavia, ela não explica o porquê de sua opinião. Christopher Gill e Jacques Brunschwig discordam de R. E. Allen e outros, como Owen Goldin, para quem o trecho efetivamente diz respeito à Teoria das Formas. Gil e Brunschwig seguem Annas e, querendo ir além, fornecem uma argumentação pela tese negativa: a Teoria das Formas é uma teoria bastante avançada do campo platônico, não faria sentido invocá-la diante de um Alcibíades completamente iniciante na filosofia.[20]

Prefiro seguir a prudência de Denyer. Ele mostra que o uso *auto to auto* é efetivamente o que se mostra nos textos platônicos quando este se refere à Forma, mas ele não avança nem pelo sim

---

O. Self, sameness, and soul in Alcibiades I and the Timaeus. *Freiburger Zeitschrift für Philosophie und Theologie*. Sonder-Abdruck Aus BD, 40, 1993; Gill, C. Self-knowledge in Plato's Alcibiades. In: Stern-Gillet, S. and Corrigan, K. *Reading Ancient Texts*. Essays in Honour of Denis O'Brien. Leiden: Brill, 2007. 2 v.; Brunschwig, J. A desconstrução do 'conhece-te a ti mesmo' no *Alcibíades Maior*. In: *Estudos e exercícios de filosofia grega*. Rio de Janeiro: Loyola e PUC-Rio, 2009.

19. Annas, J. Op. cit., p. 131.

20. Gill, C. Op. cit.

e nem pelo não quanto a considerar o trecho como acolhendo a Teoria das Formas diretamente. Os argumentos negativos de Gill e Brunschwig não me apetecem por duas razões. Em outras obras, nem sempre Platão (Sócrates) respeita a ignorância do interlocutor, escalonando temas didaticamente. Quando nos lembramos do *Parmênides*, vemos que sim, o próprio Sócrates é tomado como jovem demais para responder o que Parmênides coloca (aliás, contra uma tese central do platonismo), mas se vamos ao *Menon*, encontramos o clássico exemplo da teoria da rememoração, que tem a ver com a Teoria das Formas. É no *Menon* que Sócrates faz o jovem escravo não escolarizado deduzir uma fórmula matemática que lhe é necessária para resolver um problema.

Bem, mas se é assim, por que não aderir de vez a Allen e Goldin? Quanto a Allen, ele levanta a questão e toma partido, mas não entra por especulações propriamente filosóficas. Goldin, diferentemente, estuda o caso em detalhes. Ele lembra que o "mesmo em si" é um princípio que torna qualquer coisa o "mesmo" que ela é (princípio causal das Formas). Lembra também que "o mesmo em si" deve ser conhecido para que haja o conhecimento de cada coisa enquanto "o mesmo que ela é" (princípio epistemológico das Formas).[21] Ora, esses dois aspectos são

---

21. O leitor deve estar aqui familiarizado com Platão. As Formas são causais, pois elas, como matrizes perfeitas, *causam* os exemplares no mundo sensível. A Forma Cavalo é causalmente responsável pelo cavalo determinado que você viu na rua ou na TV esta manhã. As Formas são também epistemológicas, pois elas é que permitem que você, vendo o cavalo na rua ou na TV, hoje de manhã, tenha reconhecido tal animal ou tal coisa como cavalo. O empírico, sensível, o cavalo da rua é reconhecido, pois você intelectualmente detém o conhecimento da Forma Cavalo. Para Platão, as Formas têm estatuto ontológico, não são o que hoje, após Aristóteles, tendemos a chamar de conceitos. O leitor pode recordar isso por meio de: Ghiraldelli Jr., P. *A aventura da filosofia*. Barueri: Manole, 2011.

necessários, nos textos platônicos, principalmente na obra A *República*, para a formação do filósofo como aquele que é capaz de governar — são a base da arte de governo. Isso é o que estaria presente no *Alcibíades*, diz Goldin: o jovem precisa

> apreender a forma do mesmo antes que ele possa conhecer a si mesmo, e ele deve conhecer a si mesmo antes de saber o que deve aprender para governar. E o diálogo, de fato, continua então pela questão da *sofrosine*, o autogoverno que tem por base o autoconhecimento. Tudo em função de aprender a governar.[22]

Reconheço o valor da bela conjectura de Owen Goldin, mas tudo que ele diz pode ser assumido por meio da opção minimalista de Denyer, que mostra que *auto to auto* como o "mesmo em si" e *auton hekaston* como "cada mesmo individual". Em outras palavras: pode-se ver no *Alcibíades*, nesses parágrafos aludidos, um Sócrates preocupado com o que seria um chão firme para cada coisa, como necessário ontológica e epistemologicamente, para se falar de cada coisa individualmente, no caso, cada alma, sem que isso se transforme claramente numa dissertação explícita sobre a Teoria das Formas. A saída de Denyer, que é também a minha, tem a vantagem de optar pela filosofia sem conjecturas metafilosóficas. Isso contemplaria os desejos básicos de Christopher Gill e Owen Goldin, ao mesmo tempo. O personagem Alcibíades estaria sendo respeitado em sua condição de um aprendiz de filosofia em seus primeiros passos, mas ao mesmo tempo, o leitor do livro *Alcibíades*, que o autor desconhece, não estaria sendo nem expulso do texto e nem ludibriado à medida que o básico

---

22. Goldin, O. Op. cit., p. 11-2.

da Teoria das Formas estaria ali presente. Mais que isso, essa minha posição, próxima da de Denyer, estaria bem aconchegada junto de uma frase importante de Sócrates, com a qual ele lembra que deveria ter feito uma investigação mais profunda, sobre "o mesmo em si", mas que, para o que precisava ali, talvez aquilo bastasse, uma vez que não era pouca coisa ter "o si mesmo", no caso, a alma.[23]

Creio que, feito isso, podemos então ir adiante, para a analogia entre alma e olhos.

3. A analogia do olho: Brunschwig

O trecho em questão, agora, é o que está entre os parágrafos 132d e 133c do *Alcibíades*. A historiografia aqui também não é pequena.[24] Para um bom encaminhamento do tema, tomo aqui e no tópico seguinte, como já anunciei anteriormente, dois autores básicos, Brunschwig e Gill, respectivamente. Para facilitar a leitura, inicio com a minha tradução do trecho.

> Alcibíades § 132d
>
> Sócrates: Contarei o que suspeito ser o significado dessa inscrição [conhece-te a ti mesmo] e qual o conselho que nos dá. Não há muitos exemplos disso, exceto o caso da visão.
>
> Alcibíades: O que queres dizer com isso?
>
> Sócrates: Pensarás sobre isso, também. Se a inscrição tomasse os nossos olhos como sendo os homens e os aconselhasse, "vejam a

---

23. Plato, *Alcibíades*, op. cit., p. 589. §130d.
24. Ver nota 20.

si mesmos", como seria entendido esse conselho? Não deveria o olho olhar para algo em que pudesse ver a si mesmo?

Alcibíades: Obviamente.

Sócrates: Pensemos em algo que nos permita ver tanto ele quanto nós mesmos quando olhamos para ele.

Alcibíades: Obviamente, Sócrates, queres dizer espelhos e coisas desse tipo.

Sócrates: Correto. E não há algo semelhante a isso no olho, com o qual enxergamos?

Alcibíades: Certamente.

Sócrates: Estou certo que notou que quando um homem olha em um olho seu rosto aparece nele, como em um espelho. Chamamos isso de "pupila", pois é um tipo de miniatura do homem que está olhando.

Alcibíades: Certo.

Sócrates: Então um olho verá a si mesmo se observa um olho e olha na melhor parte dele, a parte com a qual podemos ver.

Alcibíades: Assim parece.

Sócrates: Mas não verá a si mesmo se olhar para qualquer outra coisa em um homem ou qualquer outra coisa seja lá onde for, a não ser um similar ao olho.

Alcibíades: Certo.

Sócrates: Assim, se um olho para ver a si mesmo deve olhar em um olho, e na região dele em que ocorre a boa atividade de um olho, e isso, presumo, é o ver.

Alcibíades: Isso está correto.

Sócrates: Então se a alma, Alcibíades, é para conhecer a si mesma, deve olhar uma alma especialmente naquela região em que ocorre a sabedoria, que é o que torna uma alma boa.

Alcibíades: Concordo.

Sócrates: Podemos dizer que há algo a respeito da alma que é mais divino do que onde o conhecimento e entendimento se situam?

Alcibíades: Não.

Sócrates: Então, aquela região nela se assemelha ao divino, e que alguém que a visse e agarrasse tudo que é divino — visão e entendimento — teria agarrado também o melhor de si mesmo.

Alcibíades: Assim me parece.

Sócrates: Mas concordamos que conhecer a si mesmo era o mesmo que ser autocontrolado.

Alcibíades: Certamente.

Sócrates: Assim, se não conhecêssemos a nós mesmos e não fôssemos autocontrolados, seríamos capazes de saber qual das coisas que nos pertencem seriam boas e quais seriam más?

Alcibíades: Como poderíamos saber isso, Sócrates?

Brunschwig diz que sua leitura desse trecho se posiciona contra uma outra, a que ele denomina "horizontal" e "humanista", que na tradição historiográfica ele identifica em Linguiti[25]. Nesta, o olho do outro é o espelho para a alma de alguém. O conhecimento da alma por ela mesma — recomendação délfica — em sua melhor realização nada seria senão a comunicação inter-humana, assim a alma do outro, através da troca dialógica, seria para a alma de alguém o espelho por excelência. Brunschwig expõe quatro objeções ao paradigma "humanista" (aristotélico?).

A primeira objeção de Brunschwig contra essa interpretação é que a comparação a que se deve atentar, para ele, não é a da alma com o olho e, sim, da alma com o espelho. O olho aparece com função intermediária. Aparece, sim, pois Sócrates não

---

25. Ver: Linguiti, Il rispecchiamento nel Dio: Plat. Alc. I 133c8-17. *Civilta Clássica e Cristiana*, n. 2, p. 253-70, 1981. Para a perspectiva vertical, poder-se-ia ver também o brilhante e convincente artigo de Johnson, David. God as the true self: Plato's *Alcibiades I*. Ancient Philosophy (19), 1999.

encontra outro sentido no homem que não a visão para explicar o conhecimento. Para Brunschwig, Sócrates não está procurando uma simples analogia, ele está tentando mostrar como o homem funciona para obter o conhecimento à semelhança de como o homem faz para obter outras coisas. O ponto de partida, então, são os sentidos e, entre estes, ele escolhe o da visão. Os outros sentidos obtêm outras coisas, é claro, mas não obtêm algo sobre si mesmo. O ouvido não se ouve. Mas, no caso do olho, ele se vê em algo que pode não ser ele, mas é similar, o outro olho. Assim, o olho satisfaz uma das condições básicas de qualquer um que queira explicar o preceito délfico, que é poder ser o que agarra e o que é agarrado. O olho não capta a si mesmo, mas, ao menos, ao que mais se assemelha a ele, que nada é senão outro olho. Então, o olho de outro ou qualquer olho faz o papel de espelho. E é a isto que se deve chegar: o espelho.[26]

A segunda objeção é a de que se Sócrates quisesse realmente falar do conhecimento como algo do campo da reciprocidade humana, ele teria continuado a analogia, mostrado como o olho refletido também reflete o outro. Mas Sócrates não desenvolve a analogia por esse lado, ou seja, pela ênfase na troca. Não há nenhum indício de relação dialógica na analogia, segundo Brunschwig.[27]

A terceira objeção é, ainda, uma ênfase sobre a primeira. Ele insiste no trecho em que Sócrates diz que a pupila é o local para onde o homem deve olhar, e se olhasse para outro lugar, não veria o que tem de ver. Nesse trecho, Brunschwig mantém que não é o espelho que é apresentado como cópia e, sim, a

---

26. Brunschwig, op. cit., p. 70.
27. Ibidem, p. 71.

pupila. O modelo mesmo é o espelho. A pupila faz pior o que o espelho faz melhor.[28]

A quarta objeção foca o lado psíquico da analogia. Brunschwig diz que

> Sócrates toma o cuidado de assinalar que a alma e essa parte da alma que é o correlato da pupila, quer dizer, a melhor (aquela que exerce suas mais altas atividades, 'o saber e o pensamento', 133c2), não são os únicos espelhos nos quais ela deve olhar para se conhecer, nem provavelmente os melhores espelhos. Isso é dito em 133b 7-10 [...]: "se uma alma quer conhecer-se a si mesma, é-lhe preciso olhar uma alma, e sobretudo essa parte da alma na qual reside a excelência da alma (a sabedoria), *e uma outra coisa à qual essa parte da alma acontece ser semelhante* [...]". Ainda aqui, a expressão escolhida por Sócrates parece insinuar que o segundo objeto do olhar psíquico é o modelo do qual o primeiro objeto, a saber, a parte intelectiva da alma, é a cópia mais ou menos imperfeita.[29]

Brunschwig acrescenta, de maneira conclusiva:

> O caráter "divino" dessa parte intelectiva da alma humana faz com que aquele que a contempla no outro se encontre comprometido, por intermédio de uma relação inter-humana (horizontal, antropocêntrica), com uma relação descentrada (vertical, teocêntrica). A relação entre alma e alma reconduz, assim, pela descoberta do que há de "melhor e mais divino" na alma humana, do divino na alma ao próprio Deus (ele mesmo) que dele é modelo. Essa relação reconduz ao mesmo tempo, pela descoberta do que há de *impessoal* no que há de "melhor e mais divino" na alma, a um

---

28. Ibidem, p. 71.
29. Ibidem, p. 72.

ultrapassamento decisivo da individualidade pessoal: se alguém começa por conhecer-se a si mesmo no espelho de uma alma toda intelectiva e *despersonalizada*, aprende a conhecer a si mesmo como uma alguma coisa igualmente intelectiva e igualmente despersonalizada; e dá a si mesmo os meios de acabar por conhecer-se a si mesmo em uma relação, que não tem mais nada de simétrico, com um Deus ao qual não tem cabimento pedir que "conheça" ele mesmo a alma que se conhece nele — não mais tem cabimento perguntar ao espelho que veja, ele mesmo, o olho que se vê nele.[30]

4. A analogia do olho: Christopher Gill

A oposição de Christopher Gill à leitura de Brunschwig não objetiva invalidá-la. De certo modo, Gill até parece tentar abarcar a teoria criticada. Sua objeção a Brunschwig é que ele abandona de modo abrupto a perspectiva horizontal, revelando, talvez, ter sido seduzido por uma visão neoplatônica, com a qual Brunschwig realmente simpatiza.

Gill diz que não pretende reviver a visão "humanista" e "horizontal". O que ele quer é tratar o trecho segundo uma perspectiva maior, que leve em consideração todo o ambiente do *Alcibíades*. Concordo com ele quando de suas observações a esse respeito. Para ele, a questão da reciprocidade, que é o que estaria contando a favor de uma visão "horizontal", que não poderia ser abandonada como se fosse uma bobagem, percorre toda a obra: está presente na essência da prática socrática de exame, sempre que

---

30. Ibidem, p. 73-4.

essa prática se volta para o conhecer-se, e está presente, é claro, na própria atividade na qual se insere o filosofar de Sócrates em geral, e mais ainda no caso: a relação de erotismo.

Da minha parte, insisto, a relação de erotismo que, enfim, em *O banquete* faz alusão à escada, não poderia ser vista como aquela em que quem se utiliza da escada, ao chegar ao topo, desfaz-se dela. Ao contrário. O filosofar de Sócrates é do começo ao fim erótico. O erotismo percorre fases, mas nunca deixa de ser erotismo. A motivação nunca acaba, e ela é o próprio erotismo. Aqui também, o componente erótico não é mero meio para que a filosofia conduza Alcibíades a uma situação em que ele possa se ver como tendo finalmente aprendido ser bom governante ou político. O erotismo (ou, digamos, a reciprocidade amorosa e energética, e também o saber usar as palavras, que faz parte da atividade erótica, segundo Platão no *Crátilo*) se mantém mesmo que os objetivos do exame sejam alcançados. A referência ao "amor de cegonha", feita por Sócrates ao final do *Alcibíades*, não é à toa. O que ele e Alcibíades estão selando é um pacto de amor que implica a reciprocidade da cegonha — o pássaro que é alimentado, na velhice, pelos que ele chocou. Também é isso que está no *Fedro*: o "amor filosófico aos rapazes", base da pederastia, forma as amizades que vão além da vida corpórea, mantendo-se como amor das almas após a morte. Além disso, é por conta dessa relação que tais almas poderão diminuir o ciclo de reencarnações, adquirindo a capacidade de se verem, um dia, livres de uma vez de terem de ganhar um corpo.[31]

---

31. Veja os primeiros capítulos de Ghiraldelli, P. *A filosofia como medicina da alma*. Barueri: Manole, 2012.

Ora, seria estranho conhecer tudo isso e não levar em conta a noção de reciprocidade na atividade socrática justamente neste texto, onde a questão da pederastia está, desde o início, posta como um elemento primordial.[32] Penso que isso é mais que o suficiente para justificar a busca de uma interpretação maior que a de Brunschwig. Uma interpretação que possa abarcá-la e ir além, dando também atenção a essa noção de reciprocidade que percorre o *Alcibíades*.

Nessa direção, Gill[33] lança mão de um modelo que não é nem o horizontal e nem o vertical. Ele imagina um modelo triangular, com clara inspiração na perspectiva de terceira pessoa. Neste modelo, cada alma que olha para a outra alma encontra na outra um elemento objetivo e comum, que é o elemento divino. Nesse caso, se cada alma mostra Deus para a outra, como efetivamente algo exclusivamente objetivo e, portanto, como a verdade encontrada, e que é exatamente o que há entre elas de comum, então a situação toda é melhor descrita.

Não se trata de uma visão intersubjetiva, naquele sentido que a verdade é não encontrada, mas fabricada à medida que é um produto de consenso intersubjetivo. Não se trata da visão ultraobjetiva, na qual uma instância subjetiva realmente não pode produzir nenhuma verdade, mas a encontra dentro de si mesma à medida que ela, a verdade, já está lá (o Deus dentro do eu).

---

32. Jill Gordon nota a desconsideração para com o erótico nas análises de Alcibíades, inclusive e principalmente no de Julia Annas. Veja: Gordon, J. Eros e philosophical seduction in Alcibíades I. *Ancient Philosophy*, p. 11-30, 2003

33. Gill, D. Self-knowledge in Plato's Alcibiades, op. cit., p. 109-111.

O modelo triangular mantém o platonismo intacto: a verdade é descoberta, não fabricada.[34] Mas o modelo triangular não joga fora a reciprocidade socrática: a verdade não é fabricada, é encontrada, mas encontrada porque está no campo comum compartilhado pelas almas, ou melhor, mentes, envolvidas no diálogo. O divino ou a verdade é o meio comum compartilhado, e que só pode ser encontrado no diálogo. As almas precisam de reciprocidade para adquirir conhecimento, o que é divino, a verdade. Mas essa reciprocidade não faz nenhum papel de produtora e, sim, de formadora de um campo comum, um local de compartilhamento, digamos, o seu meio ambiente compartilhado. Este meio ambiente compartilhado é Deus ou a "realidade última", como diz Julia Annas.[35]

Em todo esse percurso, espero que o leitor tenha obtido os detalhes pelos quais a investigação socrática do "conhece-te a ti mesmo", e o próprio "conhece-te a ti mesmo" como lema, não voltem mais a ser interpretados como uma busca introspectiva, subjetiva (em sentido moderno), ou ligado a qualquer coisa de um eu que pode ser casado, sem mais, com nossa noção de subjetividade. Estarei considerando isso no próximo ensaio, mostrando então como Sócrates faz para levar em contra a reflexão, a autorreflexão e o trabalho da consciência, impedido de utilizar de nossa linguagem moderna que evoca a introspecção e a estabilidade de um si mesmo com características de *self*.

---

34. Sobre a questão da verdade como fabricada ou descoberta, ver: Rorty, R. *Philosophy and social hope*. New York: Penguin, 1999.

35. Julia Annas diz que Deus no Alcibíades tem essa clara conotação de elemento absoluto, de verdade última, não tendo nada a ver com nenhuma característica exclusivamente religiosa, ou mística, ou antropomórfica. Annas, J., op. cit., p. 133.

11

O *Daimon* socrático

1. Agostinho e Apuleio

Imagino a cena — às vezes sonho com ela. Quando a noite entrou em sua fase mais negra e silenciosa, naquela hora em que até mesmo os grilos se recolhem e o pio da coruja não se ouve mais, a única vela do quarto tomou conta da folha em branco. Agostinho molhou a pena duas vezes no tinteiro, fazendo o gesto característico de quem não quer o excesso de tinta. Mas sua mão não veio para o papel. Pela primeira vez em várias noites, ele titubeou, e o silêncio se fez maior ainda que o de costume. O que seria posto no papel talvez merecesse um naco extra de prudência: *A cidade de Deus*, ou o que viria a se tornar esse livro, iria ganhar uma parte especial: as considerações sobre os demônios.

A princípio, não deveria haver nenhum drama nisso. Afinal, o bispo filósofo não estaria prestes a fazer algo tão extraordinário. Dar atenção aos demônios nunca foi estranho às atividades de um homem da Igreja. No entanto, para Agostinho a questão não era exclusivamente teológica e filosófica. O trabalho daquela noite implicava mais que isso. Ele sabia que teria de abordar e, mais que isso, enfrentar mesmo, um escritor conterrâneo. Escrever sobre os demônios, morando no Norte da África, tinha lá suas implicações peculiares. Fazia-se necessário "dar conta" da tradição. Pois o homem que havia falado com propriedade sobre a concepção de demônio, tendo cavado seu lugar na literatura, era dali do norte africano. Este homem, Lúcio Apuleio, havia vivido ali dois séculos antes.

Apuleio foi quem criou o célebre mito de Eros e Psique e deixou para a posteridade a narrativa "O asno de ouro". Era bem-apessoado e, diziam alguns, tomava banho diariamente, chegando até mesmo a escovar os dentes – algo nada comum para a época. Quando acabou sua fortuna herdada do pai, por gastar seu tempo em viagens e estudos, casou-se com uma senhora mais velha, uma viúva rica, podendo então continuar a escrever e se envolver com práticas que adorava, ou seja, a dos rituais de mistérios dos deuses egípcios. É claro que não lhe faltaram invejosos, que o acusaram de ter conseguido casar com a viúva por meio de feitiçarias e envenenamentos. Apuleio defendeu-se com sua retórica poderosa, com argumentos curiosos, mas eficazes. Mostrando sua bela aparência ao tribunal, argumentou que, sendo assim, culto, asseado e jovem, não precisaria ele de nenhuma outra coisa para conquistar a viúva. Foi considerado inocente. Dali em diante sua fama cresceu e ele colheu os frutos disso em vida, podendo perambular na cidade e ver estátuas erigidas em sua homenagem, como escritor e retórico.

Apuleio foi um bom retórico, um escritor e filósofo neoplatônico de imaginação sedutora. Nessa condição, responsabilizou-se por um incrível ensaio filosófico, relativamente popular, com o título de "O deus de Sócrates". Nesse ensaio, já sob a mentalidade do helenismo tardio, Apuleio traçou as características do *daimonion* de Sócrates, que Agostinho tomou, sem nenhuma restrição, como da mesma ordem dos demônios da cultura judaico-cristã. Assumidamente como intelectual da Igreja, Agostinho sabia que cabia a ele, naquela hora e local, fazer a crítica ao conterrâneo, expor sob a roupagem da doutrina cristã aquilo que Apuleio desenhou a partir de sua orientação pagã. A tarefa era pesada. A responsabilidade imensa. Além disso, na noite silenciosa, compenetrar-se para dizer a verdade sobre os demônios não era de todo uma tarefa que não causasse calafrios. Não se lida com o demônio sem algum preço.

Agostinho já não era jovem. Suas mãos estavam um pouco trêmulas. Ele molhou a pena na tinta pela segunda vez e, então, foi ao papel. Do primeiro ao último toque no papel ele não olhou mais para o tinteiro, sua mão ia e vinha do papel ao tinteiro automaticamente, escrevendo de uma só vez as páginas sobre o assunto. Terminou exatamente quando a última gota de tinta grudou na pena. Nada havia mais no tinteiro, mas também nada existia a mais na cabeça de Agostinho que pudesse ser dito. Estava pronto! Nenhum retoque extra ele daria. Havia saído tudo de uma vez só. Não era muito, mas não podia ser mais. Uma palavra a mais e Agostinho poderia — ele sabia bem disso — parar de dizer a sua verdade sobre os demônios e, então, ficar tentado a ceder à verdade de Apuleio. Pois o que escreveu era fiel à doutrina cristã, mas nem um pouco honesto diante do que Apuleio escreveu. O demônio de Agostinho foi moldado ao gosto do demônio da Igreja, de modo que sua crítica a Apuleio não fez justiça ao escritor pagão. Foi como se Agostinho, ele próprio, ao escrever sobre o demônio, tivesse caído em tentação e, então, mentido. Não se lida com o demônio sem algum preço — já se dizia naquela época.

As faltas do texto de Agostinho em relação ao escrito de Apuleio se dão exatamente no que é o cume e, enfim, o melhor do ensaio do pagão. Aliás, talvez não fosse o caso de dizer "faltas" e, sim, inversão mesmo. Pois o *daimonion* de Sócrates, que é o objeto do ensaio de Apuleio, é caracterizado, segundo uma ótica neoplatônica, de um modo muito semelhante ao que, na tradição católica, desde aqueles dias e até hoje, conhecemos como "anjo da guarda". Agostinho omitiu completamente essa parte. Calou-se diante dela. Retirou toda e qualquer característica de bondade do gênio que Sócrates dizia que lhe falava e insistiu no caráter maligno de toda entidade que viesse a falar no ouvido dos homens. Agostinho não deixou nenhum espaço para que a palavra "daimonion", do texto em latim de Apuleio, pudesse ter o significado que, hoje, no âmbito dos melhores *scholars* helenistas, reconhecemos como sendo um gênio — coisa que Apuleio diz com todas as letras —, uma entidade que não é nem um deus nem um mortal e que faz o meio de campo entre estes. Para Agostinho, seria uma loucura manter entidades de meio de campo com a autonomia de um *daimonion*. Para se chegar a Deus o caminho tinha de ser Jesus, ninguém mais — nada além ou aquém!

Livre do cristianismo e, ao mesmo tempo, enlaçado por certa cultura filosófica não da Grécia clássica e, sim, do helenismo romano, o culto Apuleio (tão culto quanto Agostinho) assimilou os *daimonions* não a entidades não físicas, mas exatamente a entidades físicas, porém de caráter do ar, isto é, leves e nem sempre visíveis para quem está desatento. Aceitando os *daimonions* como que feitos de ar, determinados a partir de extratos do mundo, Apuleio criou antes uma cosmologia que uma metafísica para acolhê-los. Insistiu na ideia — possível de ler nos textos platônicos — que Sócrates não só ouvia o seu *daimon* ou demônio, mas também, não raro, podia vê-lo. Associado à sua cosmologia, Apuleio mostrou o *daimon* de Sócrates como algo que estaria alojado na própria consciência do filósofo e, ao mesmo tempo, seria sua vocação. Assim, encontrar-se com o seu *daimon* não era apenas achar o local de seu guardião, mas também e principalmente tomar o gênio que poderia ser sua consciência quando na hora de decisões, e, ao mesmo tempo, a própria atividade da filosofia, de certo modo, a tarefa de autoconhecimento.

Com isso, Apuleio viu a filosofia como o "conhece-te a ti mesmo", segundo a frase retirada por Sócrates das paredes do Templo de Apolo, de modo que tal atividade de busca nada poderia ser senão a perquirição pelo *daimonion*, a busca pela vocação — a própria atividade do filosofar. No caso, o filosofar socrático, ou seja, como diríamos hoje, a atividade de Sócrates de autoconhecimento, levada adiante por meio do conhecimento do outro em uma investigação conjunta do filósofo com seu interlocutor, regrada pelo "método da refutação", o *elenkhós*.

Para Apuleio, no ensaio "O deus de Sócrates", do modo como ele lê o *Fedro* de Platão, cada homem tem o seu *daimonion* guardião, que faz o papel de sua consciência e que, após a morte, pode ser seu advogado diante dos deuses, no momento de punição ou não pelos erros. No entanto, homens como Sócrates (ou como Pitágoras) dariam pouco trabalho aos seus guardiões, tanto na Terra quanto no Além. Pois eles teriam se dedicado à sabedoria, ao intelecto, e, então, teriam se encontrado com a genialidade do gênio, quase podendo viver sem muito requisitar de seu *daimonion*. A prática da filosofia seria como que o descansar do *daimonion*, quase como quando, hoje em dia, falamos para as crianças sobre seus anjos da guarda. O bom menino, que sabe o que é o verdadeiro e o falso, o certo e o errado, se mete menos em apuros, cria menos confusões e, portanto, aporrinha menos o seu anjo da guarda.

Assim, para Apuleio, há claramente *daimonions* bons, isto é, gênios bons, que são exatamente os que são favoráveis à felicidade, que em grego é a *eudaimonia*. Apuleio, escrevendo em latim, não se furta de fazer a etimologia do grego funcionar a seu favor. Eis a passagem:

> Agora, de acordo com certa significação, a alma humana, mesmo quando ainda está situada no corpo, é chamada de um demônio. [...] Então se, nesse caso, o desejo da alma que é de boa tendência é o de um bom demônio. Daí que alguns pensam, como já observamos, que os abençoados são chamados de eudaimones, o demônio de quem é bom, isto é, cuja mente é perfeita em virtude. Pode-se chamar esse demônio, em nossa linguagem, de acordo com o meu modo de interpretação, pelo nome de "Gênio" [...].[1]

Apuleio insiste, ainda, que cada gênio desses nasce com o homem, e por isso mesmo, quando caímos e abraçamos os joelhos de alguém, para implorar algum benefício, na verdade estamos é requisitando ao gênio (*genua* = joelho) dessa pessoa. (O gesto de abraçar os joelhos de alguém que, de certo modo, transformou-se no nosso próprio cair de joelhos diante de deuses ou seres poderosos, o que veio a se chamar, de modo especial, de genuflexão).

---

1. Apuleius. *The god of Socrates*. The work of Apuleius. London: George Bel and Sons, s/d. (Reimpressão 2011), p. 363.

Apuleio também fala de *daimonions* nada bons e de outros, fantásticos, praticamente deuses, que são *daimonions* sem corpo, como o caso do Amor e do Sono. São tipos que não são alocados nas profundezas da mente humana, e que não são da ordem dos guardiões. Mas, os que são os guardiões, que ficam nos homens, funcionariam como os nossos reguladores. Homens como Sócrates, como os filósofos, são tão perfeitos por conta da filosofia que podem ter *daimonions* que não precisam incitá-los a fazer as coisas, tendo como serviço apenas avisá-los com negativas, prevenindo-os — e eis que esse era especificamente o caso do *daimonion* de Sócrates que, como escreveu Platão, só atuava negativamente.

Apuleio não entende por que os homens, sabendo disso, não se dedicam à sabedoria, à filosofia, ao invés de se dedicarem ao acúmulo de riquezas e poder. Os homens não se dedicam o quanto deveriam à filosofia, que é a busca do saber intelectual do gênio, de modo que sua própria vocação brote, sua própria consciência se exercite — é assim que Apuleio termina seu texto, com essa indignação.

Um místico, não um religioso católico como Agostinho, poderia assimilar o texto de seu conterrâneo de modo a aproveitá-lo, talvez, para um tratado cristão de angeologia. Mas Agostinho preferiu, obviamente, outro caminho. Qualquer concessão a Apuleio poderia facilmente nublar a "Boa Nova", ou seja, a ideia de que para obter a contemplação de Deus, a Verdade, o único caminho era o de seguir os passos de Jesus, o exemplo sacrificial de Cristo, nada além. Assim, talvez pudéssemos dizer, em favor de Agostinho, que ele não traçou uma mentira propriamente dita, mas apenas fez uma leitura interpretativa interessada, sujeita às correções que o cristianismo lhe impunha.

2. "O Deus de Sócrates"

"O Deus de Sócrates" é muito provavelmente fruto de uma palestra de Apuleio. O estilo oral se mantém no texto escrito. Ele inicia sua preleção dizendo que Platão compreendeu a natureza toda em três partes e que na que coube os seres animados colocou os deuses. Esses deuses foram escalonados também em três posições, a mais alta, a do meio e a mais baixa, mas tal escalonamento não dependeria somente dos locais, mas também de uma "dignidade comparativa de natureza", ela própria distinguida por muitos modos.[2] Os céus são o local dos deuses imortais.

Os deuses celestiais, alguns, são possíveis de serem concebidos por meio de noções formadas pela visão, enquanto outros merecem um esforço de compreensão pela via do intelecto. Apuleio, dizendo sempre se fiar em Platão, mas claramente colocando citações de autores latinos — sua plateia é essencialmente latina —- e do epicurismo de Lucrécio, reconhece o sol, a lua e os planetas como deuses. Seu conhecimento de astronomia não é pequeno, e este, muitas vezes não tão diferente do que se veio a conhecer sobre órbitas dos astros e coisas do tipo, difere em um ponto especial do que será assumido mais tarde pela Igreja e pelos modernos: não se faz em contraste ou oposição ao saber religioso. O latino Apuleio, como os gregos, não possui nenhum texto religioso oficial, como a Bíblia ou o Alcorão, por exemplo, de modo que as características dos deuses são sempre matéria investigativa, na qual Platão, Aristóteles e outros filósofos

---

2. Apuleius, L. God of Socrates. In: *The Works of Apuleius*. Londres: George Bell and sons, 2011, p. 350-1.

são fontes consideráveis de material para pesquisa. Os deuses que podem ser vistos pelos olhos, desse modo, se comportam segundo o que se pode notar por meio de observação e estudo. Inclusive, Apuleio discute a tese que ele atribui aos caldeus, sobre se há luz própria ou não nos astros, os deuses.[3]

No entanto, seguindo Platão, ele lembra que há doze deuses — os clássicos da mitologia greco-romana — que não podem ser vistos pelos olhos e, então, devem ser conjecturados pelo intelecto. Os poderes desses deuses não são como os poderes manifestos pelos deuses visíveis. Em relação aos visíveis é fácil saber que um poder, por exemplo, é o de órbita, no caso das estrelas "erráticas" — os planetas. Ora, no caso de Juno, Vesta, Minerva, Ceres, Diana, Venus, Marte, Mercúrio, Júpiter, Netuno, Vulcano e Apolo, a mente humana necessita conjecturar e aprender sobre os poderes tendo atenção para com o tipo de benefícios que eles partilham com os mortais, ao fazerem o que tem de fazer segundo as atividades que presidem.[4] Apuleio, aqui, pensa nas funções dos deuses. Por exemplo: não seria tolo conjecturar que, se alguém se sai bem numa caçada, está recebendo alguma ajuda de uma caçada empreendida por Diana, a deusa da caça.

Apuleio aproveita para condenar os que se afastam da filosofia e, não promovendo essa investigação em relação a esses doze deuses, acabam descrentes dos deuses — desrespeitando-os — ou seguindo o caminho daqueles que os temem. Ele trata essas pessoas como "os da multidão"; qualifica-as de grosseiros e os responsáveis pela promoção de "superstições". Chama a

---

3. Ibidem, p. 351.
4. Ibidem, p. 351-2.

atenção para Platão, que ele diz que tratava os deuses só concebidos pelo intelecto como "incorpóreos", de "natureza animada
sem um fim ou início, mas eternos com referência ao tempo
passado ou futuro". Esses deuses, ele continua, são "espontaneamente separados do contato do corpo pela sua própria natureza
peculiar". Tais deuses, ele insiste, possuem "perfeição intelectual",
mas não por "participação" em um bem exterior, mas por eles
mesmos, sendo capazes de procurar tudo que requisitam em si
mesmos, e isso com uma facilidade que é "rápida, simples, irres-
trita e absoluta".[5]

A palavra "participação", nesse caso, não é uma qualquer.
Ela efetivamente pertence ao vocabulário platônico. Sabe-se
que em Platão as qualidades de algo são conseguidas por participação desse elemento nas Formas (ou Ideias). Alguma coisa é avantajada e bonita por participar do Grande (da Forma
Grande) e participar do Belo (da Forma Bela). No entanto, as
próprias Formas, captáveis só pelo intelecto e distribuídas on-
tologicamente no "Mundo das Formas", são matrizes perfeitas
que não se misturam entre si.[6] Apuleio não faz menção a esses
detalhes da teoria platônica, certamente não por acreditar que
seu auditório as conhece mas, sim, por manter o caráter popular de sua palestra. Isso parece claro à medida que, em seguida, ele anuncia a existência dos "pais" dos deuses, o que
seria responsável por tudo, e abertamente diz não ter compe-
tência para entrar por assunto tão difícil, e que isso fugiria ao

---

5. Ibidem, p. 353.
6. Sobre isso o leitor pode consultar, como ponto de partida: Ghiraldelli Jr., P. *A
aventura da filosofia*. Barueri: Manole, 2010, v. I, e também: Ghiraldelli Jr., P. *Dossiê
Platão*. São Paulo: Universo dos Livros/Digerati, 2010.

tema proposto. Atenua sua fuga dizendo que nem seu mestre, Platão, encontraria algo seguro para falar sobre o caso. Volta então à descrição dos deuses.

Essa descrição dos deuses é retomada em novo patamar. Apuleio faz uma comparação entre a vida dos homens e a dos deuses. Possuidores do dom da fala e tendo almas imortais, os homens são, no entanto, mortais e vivem uma vida de erro e esperança, de trabalho às vezes em vão, sujeita à sorte e ao azar e, ao adquirirem algum saber a duras penas, caminham rapidamente para a morte. São expectadores da eternidade do todo e das espécies, mas podem ter morte rápida e uma vida insatisfeita. Mas os Deuses, inteiramente diferentes dos homens, são eternos em existência e possuem perfeição de natureza. Não possuem nenhuma próxima comunicação com os homens, uma vez que são supremos e separados dessas "habitações mais baixas por uma grande distância".[7] Assim, a vida que lá acima é eterna e sem falhas, aqui, decai e se interrompe. As naturezas lá são sublimadas em função da beatitude, enquanto abaixo são depressivas e estão em desventura. Ora, diz Apuleio, o que se tem então? Ele cita Platão: "Nenhum Deus se mistura com os homens". Essa é a marca distintiva da sublime natureza do Deus, Apuleio endossa. Mas, ao mesmo tempo, Apuleio é empurrado para uma pergunta: se nenhum deus interfere nas coisas humanas, a quem então temos dirigido nossas preces? "Quem eu invoco através de toda a minha vida, como ajudante para meus infortúnios, a favor do bem e adversário do maligno?" A quem faço meus juramentos? — insiste ele em perguntar. "Por que, se a opinião de Platão é

---

7. Apuleio, op. cit., p. 355.

verdadeira, aquele Deus [Júpiter] nunca se mistura com os homens, e uma pedra me ouviria mais facilmente que Júpiter?"[8]

A resposta serve para introduzir de modo justificado os "demônios". Os deuses não se misturam, obviamente, não perdem tempo dando atenção, por eles mesmos, ao que é da ordem da humanidade, mas isso não quer dizer, conta Apuleio, que não observem tudo, que estejam alheios ao que corre com a humanidade, e se não tem contato com os homens, isso não significa que entre homens e deuses não exista trânsito comunicativo. Esse trânsito é feito por entidades demiúrgicas. Apuleio diz: essas entidades os gregos chamaram de demônios, "sendo localizados como mensageiros entre os habitantes da terra e os do céu", eles carregam de uns para outros as preces e recados e funcionam como uma espécie de "intérpretes" de ambos os lados.

Levando adiante uma espécie de física dos deuses em comum acordo com seus lugares, Apuleio chega ao caráter etéreo dos demônios, mas com diversas variações. Sua investigação toma então um rumo semântico, visando desembocar no que seria "o deus de Sócrates", seu demônio particular. Nesse afã, apresenta três significações para o que investiga.

O primeiro significado para o qual chama a atenção de sua plateia é que a alma humana, "mesmo quando ainda situa-se no corpo", recebe o nome de demônio. Uma alma que tem a tendência para o bem é um "bom demônio". Os "abençoados", ele diz, são chamados *eudaimones*. Nesse caso, trata-se dos demônios de quem é bom, "isto é, aquele cuja mente está em perfeita virtude". "Em nossa linguagem", o latim, afirma Apuleio,

8. Ibidem, p. 356.

e segundo o que ele conta como sua própria interpretação, o nome correto é "genius".[9] Afirma não saber se está correto com tal denominação, mas para se justificar, diz que diante de qualquer risco chama-se o deus, "que está na mente de cada um, e embora imortal, é todavia, de uma certa maneira, gerado com o homem". O jogo filológico de Apuleio, nesse caso, é bem interessante:

> aquelas preces em que imploramos ao Genius, e que empregamos quando abraçamos os joelhos [genua] daqueles a quem suplicamos, parecem-me testemunhar esta conexão e união, uma vez que compreendem em duas palavras o corpo e a mente, através comunhão e conjunção das quais existimos.[10]

O segundo significado é das almas humanas já separadas do corpo. Após "realizar seus deveres" na vida, terminada esta, essas almas se tornam demônios de três tipos, segundo a terminologia latina: os lêmures, as larvas e os deuses manes. Os primeiros são os que se tornam guardiões da casa e da família em benefício da tranquilidade; os segundos não possuem habitação própria e, então, são punidos a vagar errantes exatamente à medida de seus maus feitos durante a vida; e, por fim, há os que é difícil saber se possuem ou não casa, e se são chamados de deuses é meramente para lhes garantir alguma honra. Apuleio lembra como essas entidades todas estão presentes em várias culturas e povos, e que todos eles, um dia, estiveram em corpos humanos.[11]

---

9. Ibidem, p. 363.
10. Ibidem, p. 364.
11. Ibidem, p. 364.

O terceiro significado que se pode dar aos demônios são os de entidades com poderes estupendos, de alta dignidade, jamais tendo ocupado qualquer corpo físico. Sempre foram do mesmo modo. Entre esses demônios, Apuleio cita dois importantes, com poderes diferentes: o Sono e o Amor, responsáveis pelo descanso e pela motivação. Ele diz que Platão era da opinião de que entre esse tipo de demônio havia os que eram guardiões da conduta dos mortais durante toda uma vida. Invisível ao seu protegido, o demônio iniciava sua tarefa quando do nascimento deste, funcionando como inspetor, admoestador e conselheiro. Ao final da vida do seu protegido, conduzia a alma deste para os seus juízes, os responsáveis pela avaliação da alma enquanto viva. Mas não só, tendo trazido a alma para julgamento, assumia um papel nos afazeres ali dispostos antes como testemunha fiel e honesta, dizendo o que é verdadeiro ou não nas acusações que a alma recebe. Seu testemunho é fundamental para a sentença a ser recebida pela alma. Apuleio chama a este tipo de demônio, que segundo ele aparece em Platão, de consciência. Vale a pena tomar o trecho todo, que é uma admoestação à plateia:

> Todos vocês, portanto, que ouvem esta opinião divina de Platão, por mim explicada, adaptem-na às suas mentes, seja lá o que for que tenham de fazer, ou seja lá o que for que tenham como matéria de pensamento, enquanto homens que sabem que não há nada que se possa esconder desses guardiões dentro ou fora da mente; mas esses demônios tomam parte escrupulosamente em todas essas questões, veem tudo e entendem tudo, e residem no mais profundo recesso da mente, no lugar da consciência.[12]

---

12. Ibidem, p. 365.

A palavra "consciência", obviamente, chama a atenção. *Scholars* helenistas[13] apontam para essa passagem. Em geral, lembram o seu acordo com o comentário de Olympiodorus[14] ao *Alcibíades I*, de Platão, referente aos demônios alocados em cada pessoa. Olympiodorus chamou o demônio alocado de "consciência" e a qualificou como "a suprema flor da alma", deixando, portanto, margem para a dúvida quanto à natureza da alma. Ao ter parte com um demônio, a alma poderia muito bem ser vista, então, como umbilicalmente ligada ao que seria "um deus dentro de cada um de nós". A expressão "toda consciência mortal é um deus" jamais foi algo estranho ao neoplatonismo que vai da época de Apuleio, século II d.C., e os tempos de Olympiodorus, já no século VI. Mas Olympiodorus poderia também estar afirmando, com a expressão "suprema flor da alma", alguma coisa completamente exterior e superior à alma humana.

Apuleio faz uma descrição do demônio como guardião, de modo a torná-lo aquilo que, modernamente, dentro do cristianismo popular — que obviamente se formou nesse contexto da cultura greco-latina —, chamamos de "anjo da guarda", guiando cada pessoa de modo a protegê-la, assisti-la em suas necessidades, fortalecer suas preces, ajudá-la em situações de falha e depressão, regular a prosperidade de cada um e até mesmo modificar as adversidades. Como um homem sábio, diz Apuleio, Sócrates conheceu bem os poderes demoníacos, principalmente os de

---

13. A tradução e as notas da edição utilizada são do professor inglês Thomas Taylor (1758-1835).

14. Olympiodorus de Alexandria viveu no século VI d.C. Foi um importante comentador de Platão. Fez sua carreira como clérigo cristão da elite da corte do império bizantino.

adivinhação, não completamente iguais em cada uma das pessoas. Sócrates, nessa explicação, é assumido como um recorrente a tais poderes, quando não encontrava dentro de sua própria sabedoria o que requisitava. A sabedoria de Sócrates, no entanto, sendo superior à de outros, possibilitou a ele utilizar a voz de seu demônio, ou mesmo pela visão, somente de uma maneira bastante parcimoniosa. Apuleio lembra que, nos escritos de Platão, Sócrates é sempre tomado pela negativa de seu demônio.

Essa negativa, no entanto, tem variações. Nos escritos platônicos o *daimonion* admoesta, mas nada é dito sobre o que pode ocorrer se não for obedecido. No escritos de Xenofonte o *daimonion* se liga e premonições, conselhos para amigos etc. Todavia, no *Theages*, que pode não ter sido escrito por Platão, mas, muito provavelmente, vem da Academia e respira certas características neoplatônicas que se insinuam no *Alcibíades*, o *daimonion* apresenta uma faceta inusitada: ele parece como premonição e claramente dando aval a quem Sócrates deve aceitar ou não como discípulo. Mas, nesse caso, também faceta vocacional volta a aparecer: há quase algo que poderíamos traduzir, na linguagem popular de hoje entre nós brasileiros, a ideia do "seu santo bate com o meu", o que seria necessário para que o discípulo realmente pudesse se desenvolver a partir de ensinamentos socráticos.